White Eagle / Anna Hayward

Das White Eagle Engel-Buch

Aquamarin Verlag

White Eagle Kontaktadressen:
White Eagle Center Deutschland:
Annemarie Libera
Schraystr. 2 · D-82110 Germering
Telefon 089/8417790 · Fax 089/8417790

White Eagle Center Schweiz:
Carol Sommer, Hannes Locher
Pestalozzistr. 7 · CH-3400 Burgdorf

Titel der englischen Originalausgabe:
Walking with the Angels

Übersetzung: Dr. Edith Zorn
2. Auflage 2000

Voglherd 1 · D-85567 Grafing
Druck: Ebner Ulm

ISBN 3-89427-128-0

INHALT

VORWORT

White Eagle spricht in seinen Lehren nicht nur als unser „geistiger Bruder“ zu uns, sondern auch als der große Mystiker. In dem vorliegenden Buch sind beide Aspekte vertreten. Der erste zeigt sich in seiner liebevollen Anteilnahme an unseren Daseinskämpfen und an seinen Ratschlägen, wie wir diese, aus geistiger Sicht gesehen, am besten bewältigen können. Der zweite Aspekt enthüllt sich in den Einblicken, die er uns in die - selbst von seinem Standpunkt aus betrachtet - ehrfurchtgebietende Herrlichkeit des kosmischen Planes für die Menschheit und das Engelreich gewährt.

Viele Passagen der Lehren von White Eagle sind in diesem Buch poetisch und mystisch. So vermag er uns etwas von dem Mysterium des spirituellen Lebens zu vermitteln und uns davor zu bewahren, tiefe Wahrheiten mit unserem irdischen Verstand in einer Weise zu katalogisieren und zu rationalisieren, die zu einem begrenzten und nur teilweisen Verstehen führen würden. Er fordert uns auf, mit dem „Verstand des Herzens“ zu lesen, das heißt, von einem Ort aus, dessen Wissen die Begrenzungen des gewöhnlichen Verstandes übersteigt und der auf die Schönheit und die Poesie des Lebens reagiert. Es ist wohl dieser Aspekt unseres Seins, der den Engeln am nächsten steht.

Wie es bereits aus dem Titel hervorgeht, handelt dieses Buch von den Engeln und ihrer Arbeit. Gleichzeitig will es uns aber auch den Weg weisen, mit den Engeln zusammenzuarbeiten. Um die harmonischsten Bedingungen in unserem Innern zu schaffen, die es uns erlauben, die Gegenwart der Engel besser wahrzunehmen, sollten wir unsere innere Einstellung überprüfen.

Der Hauptteil dieses Buches besteht aus bisher unveröffentlichten Lehren von White Eagle. Hinzu kommen einige Passagen aus früheren Veröffentlichungen sowie ein Kommentar, der dem Leser helfen mag, sich der Engel bewußter zu werden und jene inneren Eigenschaften zu entwickeln, auf die das Engelreich am stärksten eingestimmt ist. Der Inhalt des Buches weist außerdem auf einen wesentlichen Aspekt unserer Beziehung zu den Engeln und ihrer Arbeit hin, nämlich unseren gemeinsamen Dienst an der Menschheit und allem Leben.

Da das Hauptaugenmerk auf der Bedeutung unserer Einstellung und Einstimmung liegt, teilt sich das Buch in zwei Teile auf. Der erste spricht über die Eigenschaften, die wir in uns entfalten müssen, um Verbindung zu den Engeln aufzunehmen und an ihrer dienenden Arbeit teilzunehmen. Als ein Beispiel für eine harmonische Zusammenarbeit folgt ein Gebet von White Eagle für die Menschheit. Im zweiten Teil beschreibt White Eagle die unermeßliche und wunderbare Struktur des Engelreiches mit seinen unterschiedlichen Formen.

Weitere Ausführungen über das Reich der Engel und Naturgeister findet sich in den Büchern „Naturgeister und Engel“ und SUN-MEN OF THE AMERICAS.

Für einige Leser mag die Anerkennung der Wirklichkeit der Engel ein mutiger Schritt sein. Viele Leute begrenzen deren Dasein auf die Welt der Mythologie. Doch White Eagle hebt hervor, daß die Menschheit ohne ihren Einfluß aufhören würde zu existieren, da die Engel ganz eng mit der gesamten Schöpfung verbunden sind. Diejenigen Menschen, die nach einem Verständnis für den Lebensstrom dieser Wesen suchen, können sogar selbst in gewisser Weise im Einklang mit den kreativen Impulsen schwingen, und das nicht nur auf künstlerischem Gebiet, sondern in ihrer allgemeinen Verhaltensweise dem Leben gegenüber. Menschen, die an Engel glauben, befriedigt es nicht, sich vom materiellen Leben Vorschriften machen zu lassen oder sich nur auf die physischen Sinne zu verlassen. Sie bevorzugen es, ihr Leben in Dankbarkeit für eine größere Schönheit, Weisheit und Liebe zu leben. Sie spüren, daß jenseits der physischen Ebene etwas liegt, dessen Herrlichkeit und Macht unsere Wahrnehmung übersteigt. Solche Menschen suchen oft nach dem Sinn des Lebens und Möglichkeiten, Schmerzen zu lindern und mehr Schönheit zu schaffen.

Aufgrund der tiefen Verbundenheit der Engel mit der Gestaltung der Formen in der Schöpfung baut jemand, der ein völlig neues Konzept zu verwirklichen sucht, auf ihre Hilfe. Wenn ein solcher Mensch in seinem Herzen kreativ und in der rechten Weise auf die Gegebenheiten des Lebens reagiert, nach größerer Bewußtheit strebt und danach trachtet, mit dem göttlichen Plan in Einklang zu schwingen und nach seinem besten Vermögen darauf zu reagieren, dann vermögen die Engel ihn zu inspirieren und zu führen. Doch wir dürfen nicht denken, daß sie sich uns nur nähern, wenn wir vollkommen aufnahmefähig sind und unsere Motivation makellos ist. Sie sind stets bei uns. Wenn wir allen Aspekten der göttlichen Liebe aufrichtig dienen wollen, dann vermögen sie diese Hinwendung und dieses Engagement zu nutzen.

Oft sind es die kleinen Dinge, die uns plötzlich in die Gegenwart der Engel bringen. Wenn wir uns von den Begrenzungen und Ängsten lösen, die unser instinktives Verhalten, unseren Körper und unsere Emotionen beherrschen, oder wenn wir uns in kindlicher Unschuld der Schönheit und Harmonie der Natur und der geistigen Sphären hingeben, dann antworten diese Wesen der reinen Liebe und des Dienens. Ein unerwartetes Aufwallen tiefer Freude und Zärtlichkeit beim Anblick eines Neugeborenen; das Schauen des in den vom Wind geschüttelten Zweigen dahinhuschenden Lichtes; ein Empfinden des Einsseins und der Weite unter dem Sternenhimmel; die Erkenntnis der Vollkommenheit einer winzigen Blume; das Gefühl tiefer Verbundenheit, wenn wir über die Erde und das Gras wandern, und die fast schmerzende Dankbarkeit beim Vernehmen 'himmlischer Musik'. Wer kann behaupten, daß wir in solchen Augenblicken nicht die Nähe der Engel erleben? Wir bedürfen keiner besonderen Talente dazu, denn dieses Reich steht uns allen offen.

Ich hoffe, daß die Lehren von White Eagle über die Engel dem Leser die Gewißheit schenken, daß der Sinn und Zweck des Lebens unser Wissen bei weitem übersteigt. Vielleicht schließen seine Worte eine Pforte in uns auf, ein Tor, durch das wir hindurchschauen können und jenseits der Mühsal und Illusion die wahre Wirklichkeit erkennen, die Fülle kreativer Möglichkeiten und Wunder. Ich bin davon überzeugt, daß wir durch die Kontaktaufnahme mit dem Engelreich, wenn auch nur durch die Lektüre, in zunehmendem Maße erkennen, wie sehr wir geliebt werden und welche Macht und Weisheit und welches Mitgefühl unser Leben leitet und erhält.

Anna Hayward

Anmerkung des Herausgebers:
Es wird auf andere Bücher der White Eagle Lehren hingewiesen, die ebenfalls veröffentlicht worden sind.
Die Worte von White Eagle werden im Text kursiv wiedergegeben.

TEIL I

KAPITEL 1
EINFÜHRUNG
DIE EIGENSCHAFTEN DER ENGEL

White Eagles einführende Worte sprechen den Kernpunkt seiner Lehren an, das Christuslicht in uns. Dieses geistige Licht bildet die Grundlage allen Verstehens.

Die Erforschung des Unbekannten muß in der bescheidenen und schlichten Wahrheit, dem Christuslicht in uns, ihren Ausgang nehmen. Wie seinerzeit die Alten, so wollen auch wir uns als ein Universum, einen Mikrokosmos betrachten. Wir müssen unsere Beziehung zu allen Schöpfungen Gottes, auf Erden wie im Himmel, erkennen. Alles, was im scheinbar fernen Himmel über uns liegt, ruht auch in uns selbst. Zwischen uns und allen Lebensebenen, von den niedrigsten bis zu den höchsten, besteht eine Wesensverwandtschaft. In unserem Sein - dem physischen, ätherischen, mentalen und geistigen - befinden sich genau dieselben Lebensatome wie in den weit außerhalb der Erde liegenden Sphären. Darüber hinaus besteht zwischen jeder Seele und den Planeten, deren Auswirkungen und sogar ihren Ätherkräften eine gegenseitige Wechselbeziehung. Daher sind wir auf unserem Evolutionspfad mit den planetarischen Engeln und der gesamten Engelhierarchie verbunden.

Bitte beschränkt eure Vorstellung nicht auf die unsichtbaren Welten, die die Erde umgeben. Diese beginnen mit den Ätherebenen innerhalb der Erde selbst und erheben sich zur höchsten Stufe, die die Menschheit erreichen kann. Wenn wir oder ein anderer Lehrer von den verschiedenen Lebensebenen und –sphären sprechen, denkt daran, daß sich diese gegenseitig durchdringen und untrennbar voneinander sind – das Leben ist ein Ganzes.

Eines der Ziele dieses Buches besteht darin zu zeigen, daß eine Trennung von dem übrigen Universum, von Gott und den Engeln einfach unmöglich ist. Die Engel-Evolutionslinie steht in enger Beziehung zu unserer eigenen. Diese Einheit des Lebens bedeutet, daß unser Kontakt zu den Engeln nicht damit beginnt, der Erde zu entfliehen, sondern innerlich in zunehmendem Maße zu erwachen. Dies ist weniger ein Vertieftsein in sich selbst, als der Blick in unseren wahren, mit Gott verbundenen Wesenskern. Durch die Verbundenheit mit Gott sind wir auch mit jedem Menschen, jedem Tier und jeder Lebensform auf diesem Planeten verknüpft sowie darüber hinaus mit den Sternen und den geistigen Dimensionen, die alles durchdringen. „Was unendlich weit entfernt zu sein scheint, liegt in Wirklichkeit auch in uns." White Eagle legt großen Wert darauf, daß wir uns immer mehr dieser gegenseitigen Verbundenheit allen Lebens bewußt werden, da uns nur diese Erkenntnis wirklich befähigt, den Wert des Lebens, den Dienst am Nächsten und die Wahrung von Schönheit und Harmonie in der Welt zu erfassen und die göttliche Aufgabe, der die Engel dienen, ein wenig zu verstehen.

Die folgenden Worte White Eagles sind dem Buch „Naturgeister und Engel" entnommen:

Ihr schaut des Nachts zum Himmel empor und erblickt Millionen von Lichtern - ihr nennt sie Sterne -, und ihr glaubt, ein unermeßliches Universum zu sehen, dessen Leben ihr nicht kennt. Euer physisches Auge vermag die Unendlichkeit des unsichtbaren Universums nicht wahrzunehmen und euer phy-

sisches Gehirn kann es nicht erfassen. Und doch, wenn ihr lernt, in die Stille eures einfachen Herzens zu treten, beginnt ihr, ein wenig mehr von dem zu verstehen, was in dem sichtbaren und unsichtbaren Universum liegt. Wenn ihr den Herzschlag der Verbundenheit verspüren könnt, beginnt ihr, Harmonie zu fühlen und Schwingungen in Form von Farbe wahrzunehmen. Ihr werdet euch anderer Kreaturen außerhalb der Menschheit, Wesen des Tier- und Pflanzenreiches, bewußt.

Geht in euren Garten und werdet still; zieht euch in den Tempel der Stille zurück. Ihr mögt euch, wenn auch nur für einen flüchtigen Augenblick, der zahllosen Kreaturen bewußt werden - der Naturgeister, Elfen und Gnome. Selbst die Steine werden von ätherischen Wesen bevölkert. Doch gewöhnlich seht ihr nur die äußere Form eurer hübschen Blumen. Wenn ihr innehaltet und darüber nachsinnt, mögt ihr euch fragen, was sie zum Erblühen bringt, was ihren Duft herbeiführt und warum eine Blume gelb und eine andere rosafarben ist und die Blätter grün sind. Welche Kraft verbirgt sich dahinter?*

Täuscht euch nicht! Ob sie es weiß oder nicht, die Menschheit hat seit Anbeginn unter der Obhut der Engel Gottes

---

*) Einigen Lesern mit einem gewissen kulturellen oder religiösen Hintergrund mag es leichter fallen, White Eagles Lehren von den Engeln und ihrem umfassenden Dienst am Leben zu akzeptieren als die Vorstellung von „Naturgeistern, Elfen und Gnomen". Dennoch hat White Eagle stets von einem breiten Spektrum unsichtbaren Lebens gesprochen, dessen Energien vom Verspielten, Kleinen und Leichten bis hin zum unendlich Majestätischen reichen. Ein Erlebnis meines Mannes Jeremy mag dies verdeutlichen.

„Eines Tages erntete ich Gemüse im Garten der White Eagle Loge. Während meiner Arbeit sprach ich eines der indianischen Gebete White Eagles und sagte „Danke" für die Blätter und Wurzeln, die ich einsammelte. Deutlich verspürte ich eine Reaktion der Freude, so als ob Stimmen sprachen: „Ja, das sind wir! Das sind wir!" Diese spielerisch beschwingte Antwort – ihre Freude, erkannt worden zu sein – gab mir die Gewißheit, daß ich das Bewußtsein jener berührt hatte, die White Eagle „Elfen" oder „ätherische Arbeiter" nennt." Dieser Aspekt des Engelreiches ist ebenso real und zugänglich wie die in diesem Buch dargestellten erhabeneren Wesen. Eine genauere Beschreibung findet sich in dem Buch „Naturgeister und Engel".

gelebt. Stets haben sie die Menschenkinder auf ihren Erdenwegen begleitet. Die Engel gehören einer anderen Evolutionslinie an als die Menschen, obwohl sie parallel verläuft. Sie sind eng mit der Menschheit verbunden und helfen euch bei eurer Arbeit und eurem Dasein auf Erden.

Ein bestimmter Aspekt der schöpferischen Arbeit der Engel ist ausschließlich der Seelenebene gewidmet und beschäftigt sich mit der Seele eines Menschenwesens ebenso wie mit der Seele des Universums. Göttliche Eigenschaften wie die Liebe werden von den Engeln der Liebe verwaltet; die göttliche Wahrheit von den Engeln der Wahrheit und die göttliche Gnade von den Engeln der Gnade. Diese Engel sorgen für die Seele der Dinge und manifestieren ihre Eigenschaften. Zum Beispiel nehmen sich die Engel der Musik der Form und des Tons der Musik an, um aus der Stille den Klang hervorzubringen. Sie schaffen Musik, damit Körper und Geist die göttlichen Harmonien vernehmen können. Die Engel der Kunst beschäftigen sich mit den Schwingungen der Farbe; die Engel der Religion unterstützen die Schaffung oder den Aufbau geistiger Kräfte bei der Verehrung des Göttlichen. Es gibt auch einen dualen Aspekt im Engelreich - die Engel des Lichts und die Engel der Finsternis. Das Zusammenwirken dieser beiden Aspekte bringt Gleichgewicht hervor – eines der grundlegenden Lebensgesetze.

Wie wir bereits erwähnt haben, müssen wir Gott in unserem Innern finden – Gott in unserem Herzen erkennen, um diese Dinge zu verstehen. Nicht eher als bis der Mensch Gott kennt, vermag er das Universum zu verstehen. Es ist der Christus in uns und im Himmel, von dem wir diese glorreichen Wahrheiten lernen müssen. Die Engel und die Himmelssphären, aus denen sie auf eure Ebene hinabsteigen, liegen nicht so unendlich weit entfernt, wie ihr annehmt. Das Himmelreich ist in dir, und du mußt lernen, diesen inneren Him-

mel zu finden, während du noch in einem physischen Körper weilst.

Was meint White Eagle damit, wenn er sagt, daß wir das „Himmelreich in uns" finden müssen, während wir noch in einem physischen Körper weilen, um das Engelreich zu verstehen und mit ihm in Verbindung treten zu können? Engel „widmen sich der Seelenebene und manifestieren die seelischen Eigenschaften." Er fordert uns daher auf, jene Seelenqualitäten zu entwickeln, aus denen die Engel bestehen, um Kontakt zu ihnen aufnehmen zu können. Um mit dem Engel des Friedens in Verbindung zu treten, muß man inneren Frieden kultivieren. Man kann die Engel nur dann kontaktieren und sich ihrer bewußt werden, wenn man diejenigen Schwingungen im Innern fördert, die mit ihrer Ausstrahlung in Harmonie stehen. Wenn wir hinaus in die Wälder und Felder wandern oder heilige Stätten besuchen, dürfen wir nicht erwarten, Engel zu sehen, ohne mit ihnen in Einklang zu schwingen. Das mag schwierig klingen, aber unser Bestreben und unsere Offenheit sowie unser Glaube an die gegenseitige Verbundenheit sind der Schlüssel dazu.

Wir können sie ganz einfach um Hilfe bitten, um innerlich still zu werden und Frieden zu finden. Diese Hilfe wird uns zuteil werden, wenn wir uns tatsächlich darauf einstellen, friedvoll zu sein und gewillt sind, all das loszulassen, was dem Frieden und der Stille im Wege steht. Dann können die Engel des Friedens nahe an uns herantreten und die Entfaltung dieser Seelenqualität in uns fördern, da es zu ihrem Aufgabenbereich gehört.

White Eagle erläutert, wie wir auf diese Weise in Einklang mit der Ausstrahlung der Engel schwingen und spricht ebenfalls über die Bedeutung richtigen Denkens. Er betont die Notwendigkeit des reinen Gedankens und der positiven Lebenseinstellung.

Wir sprechen oft von der Gegenwart der Engel, aber vielleicht erkennt ihr noch nicht die Bedeutung ihrer Arbeit. Wir möchten euch zu verstehen geben, daß das Zusammenwirken der Naturkräfte und der menschlichen Gedankenkraft gewisse Manifestationen auf physischer Ebene hervorruft. Die Menschheit kann nicht alleine arbeiten; ihr müßt wissen, wie ihr die Naturkräfte anrufen könnt, deren Aufgabe darin besteht, einem Träger des Lichts in seiner oder ihrer Arbeit beizustehen. Ebenso müßt ihr die Bedeutung eures täglichen Denkens sowie eurer Einstellung zum Alltag und den kleinen Dingen begreifen. Je tiefer ihr in die geistigen Lebensmysterien eintaucht, desto wesentlicher werden die Reinheit des Gedankens und der Bestrebung. Doch der Gedanke als solcher besitzt nur wenig Macht, wenn er nicht vom Geiste angeregt wird.

Die alten Philosophen pflegten zu sagen: „Wie oben, so unten." Wenn ihr etwas in der Meditation erkennt und zudem lernt, weiser, reiner und wahrer zu meditieren, werdet ihr das im Irdischen manifestieren, was ihr im Lichte der Meditation wahrnehmt. Ihr seid Gottes Instrument auf Erden. Ihr könnt den ätherischen Arbeitern, jenen Wesen, die das Wachstum der Pflanzen fördern, die der Erhaltung der Menschheit dienen, und den Engeln der Luft, die alles Schöpferische inspirieren, beachtliche Hilfe leisten. Am meisten aber könnt ihr durch eure auf Gott ausgerichteten Gedanken und eure Liebe helfen. Alle guten Gedanken für eure irdischen Gefährten hinterlassen ihre Spuren. Sie werden als Licht verzeichnet. Von dem so aufgebauten Lichtkörper tragen die Engel den guten Gedanken zu anderen, damit noch mehr inkarnierte Seelen diesen Strom konstruktiven Denkens empfangen. Auf diese Weise baut sich eine starke positive Gedankenkraft auf, eine Lichtkraft.

Dieses Reservoir von Macht und Liebe erschafft ihr mit Hilfe der Engel der Form. Durch ihr Wirken nehmen die Gedanken und Impulse, die eurem höheren Selbst entströmen, Gestalt an.

Die Engeln treten nahe an jene heran, die aufrichtig für Frieden, Heilung, Liebe und Schönheit, für ihre Lieben, die Menschheit und die Erde selbst beten.

EINSTIMMUNG AUF DIE GEGENWART DER ENGEL

Männer und Frauen werden mit den Engeln wandern und sprechen, doch bedenkt, es bedarf eines Engels, um einen Engel zu erkennen. Ihr zieht das an, was ihr selbst seid. Daher müßt ihr die erforderlichen Eigenschaften in euch entwickeln.

In den folgenden Kapiteln werden wir White Eagles Beschreibung der Eigenschaften von Engeln betrachten sowie die Wege, auf denen wir entsprechende Qualitäten in uns zu entwickeln vermögen. Unsere Ausdauer und Geduld ermöglichen es uns schließlich, mit dem Engelreich in Verbindung zu treten, so daß wir die Gegenwart der Engel erfahren und enger mit ihnen zusammenarbeiten können. Dadurch „beleben wir unsere Gedanken mit der Kraft des Geistes“, wie White Eagle es ausdrückt.

White Eagle hat die ätherische Erscheinungsform der Engel beschrieben, die wir zu diesem Zeitpunkt vielleicht noch nicht „sehen“. Doch die Vorstellung ihrer Gestalt (oder zumindest wie die Engel uns erscheinen mögen) hilft uns, ein Gefühl für ihre Anwesenheit zu bekommen. Dieses Empfinden und das teilweise Verstehen ihres Wesens prägen sich unserem Geist und unserem Herzen ein. Unterstützt durch Kontemplation und Meditation schafft dieser Eindruck eine Schwingung, von der die Engel angezogen werden.

Die Engel in den geistigen Welten, die euch beschützen und lieben, freuen sich über eure Reaktion auf ihren Einfluß und ihre Hilfe. Es wäre nicht gut für euch, wenn ihr die Strahlkraft dieser geistigen Wesen, die mit euch arbeiten, völlig erblicken könntet. Ihr wäret nicht fähig, euer Erdendasein zu leben, würdet ihr die Schwingungen dieser Gott ähnlichen Brüder zu stark empfinden. Doch gelegentlich geben wir euch ein Bild von ihrer Schönheit und ihrer Liebe. Ihr sprecht von Liebe und sehnt euch nach Liebe; ihr dient tapfer und dennoch, die Schönheit dieser Lichtwesen könnt ihr noch nicht erfassen.

Die Engel besitzen die zweifache oder dreifache Größe eurer selbst, ausladende Schwingen und eine strahlende, grenzenlose Aura. Breite Lichtstrahlen gehen wie Federn von ihnen aus, und sie bringen Frieden und Liebe. Ihre kreisförmig dem Kopf entspringende Ausstrahlung gleicht weißen Flügeln. Wenn wir von geflügelten Wesen sprechen, meinen wir damit, daß die Kraftfelder dieser ätherischen Wesen die Formen von Schwingen annehmen. Erblickt man sie nur flüchtig, hinterlassen sie den Eindruck einer hochgewachsenen Menschengestalt mit Flügeln. Diese „Flügel" sind Strahlen der Kraft und Stärke, die einhüllend und beschützend wirken und von denen Gotteskräfte ausströmen.

KAPITEL 2
DIE QUALITÄT DER LEIDENSCHAFTSLOSIGKEIT

Versucht, die Liebe der Engel zu verstehen. Engel sind angeblich recht unpersönlich, was nach irdischen Maßstäben hinsichtlich Gefühlen und Emotionen zutreffen mag. Doch ihre Liebe ist rein und vollkommen selbstlos.

Joan Hodgson schreibt dazu im „Heilungsbuch“: „Der vielleicht entscheidende Unterschied zwischen der menschlichen Evolutionslinie und jener der Engel besteht darin, daß die Menschen weitgehend von Emotionen geprägt sind, während die Engel mit völliger Leidenschaftslosigkeit dem göttlichen Plan dienen, einem wunderbaren kosmischen Konzept. Der Schutzengel, welcher das Leben eines einzelnen Menschen betreut, hält das ihm anvertraute Menschenleben in einem Strahl des Lichts und der Kraft, um die Voraussetzungen zur Erfüllung der Aufgaben dieser bestimmten Inkarnation zu gewährleisten. Man könnte das Wirken des Engelreichs fast mit einem großen kosmischen Computer vergleichen, der unter der Kontrolle des göttlichen Geistes seine Aufgabe versieht.“

Es ist wichtig, sich der Leidenschaftslosigkeit der Engel stets bewußt zu sein. Man kann mit ihnen keine Verbindung aufnehmen, wenn das Herz von irgendwelchen Gefühlen überquillt, da ihre Liebe auf Wissen und der Kenntnis göttlicher Gerechtigkeit und Weisheit basiert – einer Kenntnis des Lebens als Ganzes – das heißt, sie sehen das wirkliche Bedürfnis der Seele und den wahren Bedarf der Menschheit, zu der jede einzelne Seele beiträgt. Sie handeln ganz spontan aus Liebe, einer weisen, mächtigen Liebe, die ihren Ursprung im

Göttlichen hat und weit über die persönliche Liebe hinausgeht.

Man könnte sagen, ihre Liebe ist unlösbar mit allem Leben verbunden und dient der Ganzheit. Sie beschränkt sich nicht nur auf den einzelnen, sondern kann in ihrer vollkommenen Selbstlosigkeit nur dem Karma und Dharma aller dienen. Selbst der Dienst des Schutzengels, der bereits vor der Geburt seines Schützlings an dessen Seite steht, geht über die gegenwärtige Persönlichkeit hinaus. Die Engel schenken das Gefühl einer sehr tiefgreifenden Liebe, die keine Emotionen entfacht, sondern uns befähigt, ein gewisses Maß an innerem Abstand und an Gelassenheit zu gewinnen. Durch diese weise, ausgeglichene Liebe vermögen wir unser Karma und unser Dharma (das heißt, unsere Herausforderungen und Möglichkeiten, die sie mit sich bringen) aus einer nützlicheren Sicht zu sehen, so daß wir sie vielleicht besser handhaben können.

Es gibt keine weltlichen Probleme, von denen die Engel beunruhigt werden könnten, da sie nur eine einzige Wahrheit kennen; alles wirkt zusammen für das Gute. Sie kommen, um der Menschheit zu helfen, diese eine Wahrheit zu erkennen...alles wirkt zusammen für das Gute. Wenn ihr sie verstehen wollt, müßt ihr nachgeben und dem Göttlichen in euch gehorchen, indem ihr sprecht: „Dein Wille geschehe; Du bist der Schöpfer; Du erschaffst dein Kind, Dein Sohn-Deine Tochter; wir neigen uns in Dankbarkeit und sind frei von Furcht.“ Erhebt euch über die Gedanken der Furcht; begebt euch jenseits der Angst und lebt in dem positiven Gedanken, daß sich das Gute auf allen Seinsebenen manifestieren wird.

Es sind nicht nur die weltlichen Probleme, die uns beunruhigen. White Eagle weiß, wie sehr uns die Sorge um unsere Lieben aus dem Gleichgewicht wirft. Er hat Folgendes über die Liebe zu sagen, die wir für jene entwickeln sollen, die uns nahe stehen, unsere geistigen Brüder und Schwestern, damit sie befreiend und aufbauend wirkt.

Gott kennt das Bedürfnis der Seele nach Kameradschaft. Gott erschuf die Menschen, um einander Gefährten, Brüder und Geliebte zu sein. Aber damit euch die irdische Persönlichkeit nicht versklavt, müßt ihr Leidenschaftslosigkeit entwickeln. Eine Möglichkeit, dies zu erreichen, besteht darin, euer ganzes Sein und euer Bestreben auf Gott zu konzentrieren und zu versuchen, Ihn in allen euren persönlichen Beziehungen zu sehen. Versucht, in eurem Bruder, eurem Vater und eurem Ehemann einen Ausdruck (wie gering er auch erscheinen mag) des göttlichen Vaters wahrzunehmen. Versucht, in der Weiblichkeit die göttliche Mutter zu erkennen. Beide Aspekte müssen in jeder Seele entfaltet werden. Wenn ihr diese Wahrheit erfassen könnt, wird es euch leichter fallen, den Stolperstein der Persönlichkeit zu überwinden. Innerlich werdet ihr dann frei sein.

Es gibt vielerlei Gelegenheiten, anhand derer wir lernen können, Leidenschaftslosigkeit zu entwickeln, woraufhin wir in größerer Harmonie schwingen mit den starken, konstruktiven Geisteskräften und den Engeln, die sie handhaben. Unsere eigenen Gefühle bedürfen der Leidenschaftslosigkeit, wollen wir mit den Engeln in Kontakt treten. Gleiches gilt für die Meditation. Wenn wir die Erfahrung zu stark herbeiwünschen und somit zuviel von unserem Selbst hineinlegen, dann bleibt dieser Kontakt unbestimmt. Paradoxerweise müssen wir ausharren und unsere Bemühung aufrechterhalten. Die Taoisten nennen die Nebeneinanderstellung dieser beiden Verhaltensweisen „wu wei“ – „anstrengungslose Anstrengung“. White Eagle spricht von „Wunschlosigkeit“.

Das allzu inbrünstige Verlangen, etwas zu erreichen, selbst eine Verbindung zu den Engeln, erzeugt Leidenschaftlichkeit und große Aufregung, nicht aber Leidenschaftslosigkeit. Trotz scheinbaren Versagens oder Erfolgs entstehen übermäßige Emotionen. Wir binden uns sehr stark an das, was wir wollen, und das mag nicht dem entsprechen, was die Seele benötigt. Die Folge davon kann sich in übermäßiger Beschäftigung mit sich selbst ausdrücken. In PLANETARY HARMONIES schreibt Joan Hodgson: „Viele Leute bemühen sich so ängstlich darum, in die innere Welt zu blicken und das Übersinnliche zu erfahren, daß sie vor Aufregung, Begeisterung und vielleicht sogar Ahnung zittern. Diese geistige Haltung versperrt vollkommen die Möglichkeit einer bewußten Verbindung. Der äußere Geist ist einfach zu eifrig und zu ungestüm, um diese innere Welt berühren oder erfassen zu können, obwohl sie der physischen so nahe liegt.“

In dem Buch „Weisheit von White Eagle“ heißt es:

Sobald die Menschen erwachen und sich auf den geistigen Pfad begeben, wollen sie mehr und mehr wissen. Gierig und leidenschaftlich sucht die Seele nach Wissen, aber dieses Verlangen muß gezügelt werden. Sie muß Selbstdisziplin und Gelassenheit entwickeln. Die Stille der Seele ist von größter Bedeutung, denn nur in ihren stillen Augenblicken vermag sie das geistige Wirken der Engel aufzunehmen.

Hier lernen wir den ersten Schritt in der Entwicklung von Gelassenheit – einer inneren Haltung, in der wir unsere Herzen für die Gegenwart der Engel öffnen können, indem wir unsere Gier nach Erfahrung und Wissen loslassen. Die Grundlage eines stillen Geistes und ruhiger Gefühle ist das Vertrauen. Wenn wir, wie die Engel, dem erhabenen Evolutionsplan tatsächlich vertrauen, dann bringen uns weder Trauer noch Vergnügen ins Schwanken. Wir wandern mit einem Rückgrat, das einem „Lichtstab" gleicht, durch unser Leben. Wir können uns demütig und mitfühlend beugen, aber auch ausgeglichen und stark im Licht des Geistes stehen.

Dies scheint ein unmöglicher Traum zu sein, doch wie in allen geistigen Dingen ist es unser Bestreben, auf das die Engel antworten. Unsere Aura nimmt die Farben und Schwingungen an, die in unserem Herzen und unserem Herz-Geist liegen. Engel sind ätherische Wesen und sich daher der Aura des einzelnen Menschen genau bewußt. Sie erfassen dessen Schwingungen und antworten darauf. Jedes Trachten nach Frieden und Gelassenheit zeigt sich in der Aura. Vielleicht vermag der einzelne diesen Zustand des Gleichgewichts nicht lange aufrechtzuerhalten, aber die Engel registrieren dennoch die Sehnsucht des Herzens. Sie werden sich jenen Menschen nähern, die sich von der geistigen Unruhe des Alltags befreien möchten und tiefen inneren Frieden suchen, um ihr Leben zu beherrschen.

Es mag hilfreich sein, sich daran zu erinnern, daß wir alle diesen Frieden in uns tragen. Er ist nicht nur einigen wenigen Menschen vorbehalten. Es spielt keine Rolle, welche Art von Leben wir führen oder mit wem wir zusammen sind, in jedem von uns gibt es einen Ort der Stille, der sich nicht einmal so tief unterhalb der Oberfläche befindet. Der Glaube an unser eigenes inneres Sein gehört zu unserem Vertrauen in Gott. Wenn White Eagle an anderer Stelle bemerkt, daß uns Gott niemals ohne „Zeugen" läßt, meint er vielleicht damit unter anderem, daß wir nicht völlig isoliert in unseren fleischlichen Körper hineingeboren worden sind, sondern die Möglichkeit besitzen, den Geist zu berühren.

Dies bedeutet natürlich nicht, daß wir nicht glücklich, fröhlich, temperamentvoll und vergnügt sein können, denn diese Schwingungen sind ebenfalls Bestandteil der Liebe. Sie schaffen das Gute, und die Engel werden von allem Kreativen dieser Art angezogen, um der Entwicklung der Menschheit zu dienen. Die Heiterkeit des Herzens und die schöpferische Energie unterscheiden sich jedoch von Erregbarkeit. Ersteres entspringt dem inneren Frieden und der Ausgeglichenheit, während die Erregung aus einem gestörten Gleichgewicht der Energien und einer Spannung hervorgeht, die sich beunruhigend auf das Nervensystem und damit auf den Ätherkörper auswirkt, über den die Engel ansonsten ihre Anwesenheit kundtun mögen.

Eine der Eigenschaften, die das Verlangen und die Bemühung vorzüglich miteinander ausgleicht, ist der Humor. Die Fähigkeit, über sich selbst lachen zu können und jede Situation von ihrer humorvollen Seite zu betrachten, die trotz unserer besten Planung schiefgehen kann, besitzt unschätzbaren Wert für die Entfaltung der Leidenschaftslosigkeit. Nichts erscheint ganz so verkehrt oder wichtig, wenn man ihm ein wenig Humor abgewinnt. Es ist, als ob in jenem Augenblick, in dem uns die lustige Seite der Dinge berührt, viele der negativen Aspekte einer Gegebenheit transformiert werden; ein Lächeln oder ein Auflachen lassen das Licht herein. Du fühlst dich befreit. Anscheinend eingesperrt in einem nicht existierenden Raum, entdeckst du, daß sich plötzlich ein Fenster zum Garten hin öffnet und frische Luft hereinströmt. Wenn dieses Fenster erst einmal auftaucht, dann folgt ihm eine Tür (Humor wirkt ansteckend), bis Möglichkeiten für Bewegung und Farbe den erhellten Raum anfüllen. Es überrascht nicht, daß der erleuchtete Buddha stets mit einem Lächeln auf seinem Antlitz dargestellt wird oder White Eagle immer wieder betont, wie gerne er uns häufiger lächeln sehen möchte.

Das Bild des Buddha eignet sich gut, über die Entfaltung

der Leidenschaftslosigkeit nachzusinnen. Diese erhabene, heitere Gestalt scheint sich über die weltlichen Leidenschaften zu erheben und strahlt dennoch dieses unsagbar sanfte Lächeln aus. Welche Gedanken mögen ihn bewegen, falls sie überhaupt vorhanden sind? Vielleicht, daß sich alles zum Guten wenden wird; alles Karma sich selbst auflöst; alles in Gottes Armen geborgen ist; es nichts zu fürchten oder letztendlich zu betrauern gibt?

White Eagle gibt uns zahlreiche Beschreibungen, um uns zu helfen, unser Bewußtsein über die Versuchung zu erheben, uns der Angst und des Kummers hinsichtlich unseres Karmas und unseres Leidens hinzugeben. Im „Heilungsbuch" sagt er:

Jede Seele scheint zu leiden. Doch wenn ihr das Leid aus der richtigen Perspektive seht, werdet ihr erkennen, daß es zur Wiedergeburt führt. Durch Einschränkungen und Leiden erhebt sich die Seele in das göttliche Leben und Licht, vergleichbar mit einem Insekt, das aus seiner Puppe emportaucht und sich in ein wunderschönes geflügeltes Geschöpf im Sonnenlicht verwandelt.

Für mich strahlt der Buddha das leidenschaftslose und doch mitfühlende Bewußtsein aus, auf das White Eagle so oft hinweist. Vor mir steht eine Figur aus Thailand, die mich besonders inspiriert. Die aufrechte Wirbelsäule des Buddha ist fest auf der Erde verankert. Sein ganzes Wesen gleicht einem aufwärts gerichteten Dreieck. Der Herzbereich ist völlig offen, und seine Hände ruhen in vollkommenem Vertrauen aufnahmebereit in seinem Schoß. Es gibt weder Kampf noch Anstrengung; kein Verschließen der Bewußtheit und des Mitgefühls aus Angst; keine Leidenschaftlichkeit, kein Streben, sondern vielmehr eine vollkommene Aufgeschlossenheit für die Gegenwart, Vergangenheit und Zukunft. Er hat sein Sein im Augenblick und wartet geduldig. Stille und Frieden gehen von ihm aus. Dennoch spürt man die von ihm ausströmende Dynamik und innere Kraft, die der Leidenschaftslosigkeit entspringen. Gerade diese Leidenschaftslosigkeit und Stille umgeben ihn mit einer Schwingung, die das reine Gute anzieht und zu der sich die Engel hingezogen fühlen würden.

Es gibt also zwei Möglichkeiten, mit denen wir beginnen können, uns von der Tyrannei des Verlangens im weitesten Sinne zu befreien, indem wir einen gewissen Humor entwikkeln und über die Eigenschaften und das Bild eines Meisters wie Buddha nachsinnen und ihm nacheifern. Beides erfordert ein wenig mehr Raum, als wir uns selbst zu geben gewohnt sind. Damit meine ich nicht, ausgedehnter zu meditieren, sondern vielmehr im täglichen Leben oder inmitten der Aktivität Raum zu schaffen. Das heißt, daß wir bewußt innehalten und nach innen fühlen; uns umschauen und sorgfältig über das, was geschieht, nachdenken. Die meisten von uns neigen dazu, von einer Sache zur nächsten überzugehen, ohne sie überhaupt zu erwägen. Wir äußern uns zu rasch, stimmen allzu bereitwillig zu und beurteilen Gegebenheiten zu schnell, und das nur, weil das Leben es zu fordern scheint. Doch in jedem Augenblick, genau in dieser Minute, während wir schreiben, kochen oder irgend etwas tun, könnten wir einige Minuten lang innehalten und ganz bewußt unser Augenmerk auf unser inneres Sein oder die Welt um uns herum richten.

Die Buddhisten sprechen von „Achtsamkeit“.

Wir können uns selbst immer ein wenig mehr Freiraum verschaffen, um zu sehen, zu fühlen und intensiver nachzudenken. Erstaunliche Dinge werden dann geschehen und vielerlei Möglichkeiten sich eröffnen. Es bleibt dann Raum genug, um das Lächerliche einer Situation zu erkennen oder aber ihre Lieblichkeit und vielleicht sogar, um die verschiedenen Möglichkeiten, die sie bietet, wahrzunehmen. Hier liegt die Gelegenheit, sich von den vorwärts treibenden üblichen Gedanken und Gefühlen und von dem, was man zu sehen erwartet, zu lösen. Aus diesem Abstand heraus betrachtet, werden auf allen Ebenen andere Dinge sichtbar.

Diese wenigen Momente scheinen eine Buddha-Stille und Empfänglichkeit zu schaffen. Sie müssen nicht sehr lange dauern, doch wenn wir sie häufig einlegen, werden wir bald einen Wandel in unserem alltäglichen Bewußtsein bemerken. Diese wiederholten Augenblicke der Bewußtheit und Loslösung werden die Entwicklung der Leidenschaftslosigkeit fördern. Aufmerksam zu sein, wird dann beständig, nicht nur vorübergehend unsere Lebensweise prägen.

Ich glaube, White Eagle würde wohl hinzufügen, daß wir während der Meditation die Haltung des Buddha einnehmen sollten. Das muß nicht unbedingt in der Lotos-Position oder auf dem Boden sein, doch mit aufrechter Wirbelsäule, die Hände im Schoß ruhend, den Brustkorb mit nach oben gerichtetem Kinn ausgedehnt. Ein Bild des Buddhas, wie ich es beschrieben habe, mag hilfreich sein. Eine solche Haltung an sich führt zu Gelassenheit, einer Eigenschaft der Leidenschaftslosigkeit. Lasse dein Gesicht das Lächeln des Buddha widerspiegeln und stelle dir ein Leben ohne Angst, Ärger und Verlangen vor, in dem nur Gleichmut herrscht.

Während einer Meditation gab uns White Eagle die folgende Beschreibung der in einem solchen eingestimmten Zustand möglichen Kontaktaufnahme mit den Engeln und des Gefühls, das ihre Gegenwart mit sich bringt.

Kommt mit uns in den himmlischen Garten und wandelt mit den Brüdern des Lichts. Begebt euch in die Gemeinschaft der Engel. Die Engel kennen keine Leidenschaftlichkeit. Emotionen scheinen ihnen fremd zu sein, da sie ruhig und diszipliniert sind. Sie leben in der Aura, dem Bewußtsein, dem Leben der göttlichen Mutter. In dem unendlichen und ewigen Garten werdet ihr Engelkräfte von überirdischer Farbenpracht erblicken, still und friedvoll, beständig Hilfe gebend, gebend, gebend und Liebe und Weisheit über die Schöpfung ausgießend.

KAPITEL 3
EIN NATÜRLICHER UND FREUDIGER PFAD DES DIENENS

Die Leidenschaftslosigkeit des Engelreiches läßt uns erkennen, daß unsere Motive nicht auf dem oberflächlichen Wunschdenken unserer Persönlichkeit basieren können, wollen wir mit diesen Lichtwesen in Verbindung treten. Da ihre Ruhe einer Liebe entspringt, die weit jenseits der Ichbezogenheit liegt, sprechen sie stets die göttliche Wahrheit der Einheit allen Lebens an, daß es keine Trennung gibt und kein Mensch sich isoliert entwickeln kann. Wenn das Gottesbewußtsein und die Liebe des einzelnen zunehmen, wachsen auch alle anderen Aspekte.

Da die Engel der gesamten Schöpfung liebevoll dienen, arbeiten alle diejenigen automatisch mit ihnen zusammen, die bewußt oder unbewußt in gleicher Weise motiviert sind. Manche Menschen verpflichten sich bewußt, die Eigenschaften der Engel in ihrem eigenen Leben zum Ausdruck zu bringen, nicht nur für sich selbst, sondern zum Wohle aller. Das Mitgefühl und die Rücksichtnahme, die einige der Welt entgegenbringen – den Leidenden, dem Tierreich und der Erde selbst – führt sie unbewußt näher an die Engel heran. Es gibt Menschen, die auf die Schönheit des Lebens reagieren, indem sie danach trachten, vielleicht durch kreatives Wirken ihre Mitmenschen daran teilhaben zu lassen, damit auch sie den Einfluß der Engel verspüren.

Das folgende Gebet White Eagles zeigt, daß die Engel uns tatsächlich zum Dienen aufrufen.

Sei ruhig, irdischer Geist...Erlaube dem höheren Geist, sich für die Engelkräfte zu öffnen. Mögen eure Seelen sich im Sonnenlicht baden, in dem goldenen Licht der Liebe, der Macht und Weisheit, die dem Herzen Christi entströmen. Die Engel rufen euch zum Dienen auf; betet täglich darum, bereit zu sein. Die Engel mischen sich unter euch und unterstützen alle jene, die im Namen der Liebe dienen.

An anderer Stelle heißt es:

Die Engel des Lichts treten nahe an jene heran, die demütig und aufrichtig dem Erhabenen Geist dienen wollen. Selbstloses Dienen, uneingeschränkt und aus Liebe, wird inspiriert von den Engeln des Lichts, die durch die Seele wirken.

Engel der Liebe, Engel der Weisheit, Engel der Macht, diese Heerscharen werden Männern und Frauen helfen, sobald die Menschheit ihnen und ihrem Meister, dem Christus, demütig, vertrauensvoll und liebend entgegentritt.

Die Engel haben ihr Sein im Dienen. Echtes Dienen beruht auf der Bejahung einer gegenseitigen Beziehung allen Lebens. Sobald wir erkennen, daß wir alle durch die Christusliebe in unserem Herzen miteinander verbunden sind, wird aus unserem Einfühlungsvermögen und unserer tiefen Liebe ein uneigennütziges und natürliches Verlangen hervorgehen zu dienen.

Die tibetische Erzählung von dem Buddha des unendlichen Mitgefühls, Avalokiteshvara, verdeutlicht dies. Es heißt, der Erleuchtete befand sich auf dem Wege in das Nirvana, als er auf die Erde zurückblickte und das Leid der Menschheit sah.

In diesem Augenblick erkannte er, daß er nicht im Paradies weilen konnte, während es immer noch Erdenmenschen gab, die litten. Daher hält er sich in der Aura der Erde auf, um der Menschheit zu helfen, jedem einzelnen seinen Bedürfnissen entsprechend, bis alle Wesen erleuchtet sind. Avalokiteshvara wird mit tausend Armen dargestellt, ein all-sehendes Auge der Weisheit in jeder Handfläche. So hilft er einem jeden in der für ihn besten Weise.*

Die folgenden Zeilen entstammen dem Gedicht „The Mistress of Vision" des im ausgehenden neunzehnten Jahrhunderts lebenden Schriftstellers Francis Thompson. Sie vermitteln einen weiteren Einblick in die Verbundenheit allen Lebens, insofern sich die Aktionen und Reaktionen des einzelnen auf die Gesamtheit auswirken.

Durch eine unsterbliche Macht sind alle Dinge
Nah und fern
Auf verborgene Weise
Miteinander verknüpft
Du kannst keine Blume knicken,
Ohne einen Stern zu stören

Unser persönlicher Kontakt zu den Engeln kann sich rascher einstellen, wenn wir im Dienste der Menschheit mit ihnen zusammenwirken wollen und uns mit allem Leben verbunden fühlen. Aber unser Dienst und unsere Gedanken für die Welt müssen ebenfalls positiv und hoffnungsvoll sein und, wie wir im vergangenen Kapitel gesehen haben, in friedlichem Gleichmut gründen. Wenn uns nur unsere Emotionen lenken würden, könnten wir unklug und unangemessen han-

---

*White Eagle begann und beendete jede Ansprache mit einem solchen Gebet. Oft ermahnte er dabei die Zuhörenden, ihre Herzen für die dann anwesenden Engel zu öffnen.

deln. Ideal wäre es, mit Ruhe Einblick in den göttlichen Plan zu gewinnen, um freudig den wahren Erfordernissen nachzuzukommen – jenen der Seele – denen auch die Engel dienen. Sie schenken die Leichtigkeit des Herzens und echte Freude. Sie gehen völlig in dem Bewußtsein des göttlichen Planes auf und sehen die Entfaltung des Guten in allem Leben. Außerhalb davon gibt es nichts. Eine solche gründliche Kenntnis dieses Plans muß bedeuten, daß sie in göttlicher Freude leben – in der wahren Glückseligkeit, die das Wissen um dic wahre Wirklichkeit mit sich bringt. Auch wir vermögen die innere Freude wiederzugewinnen, wenn wir dem Plan Gottes in unserem Leben vertrauen, was uns den Engeln näher bringen wird.

Dieses Vertrauen bildet ein wesentliches Element unseres Dienstes, da wir uns ansonsten sehr viel schwerer tun, mit Gelassenheit zu dienen. Wenn sich Schwierigkeiten ergeben, neigen wir alle dazu, uns in unseren persönlichen emotionalen Reaktionen zu verfangen. Der Strom bedingungsloser Liebe für die Situation wird gehemmt, bloß weil wir Traurigkeit empfinden oder uns um andere sorgen. Das heißt nicht, daß unsere Gefühle nutzlos sind, denn paradoxerweise kann eine emotionale Reaktion auch unser Mitgefühl auslösen. Sie kann den Wunsch in uns wachrufen, anderen zu dienen und dazu beizutragen, in der Zusammenarbeit mit den Engeln ihre Schmerzen zu lindern und Heilung und Frieden zu bringen. Doch wenn wir ebenfalls an die Richtigkeit des Planes glauben, entwickeln wir eine gewisse Gelassenheit und Sicherheit, die keinerlei Begrenzung einer solchen Heilung kennt. Wir wissen, daß die Engel, die Boten Gottes, das Gute aus dem scheinbar Chaotischen und das Licht aus der Dunkelheit hervorbringen. Dieses Wissen vermittelt eine starke Kraft für das Gute.

Die folgende Geschichte meines Mannes Jeremy Hayward

mag diese Zusammenhänge ein wenig besser verstehen lassen. Er beschreibt ein Erlebnis an einem Januartag in Dorset.

„Wir wanderten einen der Hügel hinauf, die sich hinter dem niederen Sandsteinkliff am Meer erheben. An jenem Januartag waren außer uns nur wenige Leute an diesem ansonsten recht bevölkerten Ort auf dem Plateau. Gelegentlich stahl sich schwacher Sonnenschein durch die von der See herüberziehenden, den Himmel verhüllenden Wolken. Es schien wirklich kein besonders einladender Platz zu sein.

Über die Felder gingen wir hinunter zu den Klippen. Da es keinen Weg zum Meer hinab gab, beschlossen wir, am Kliff entlang zu wandern und dann einen entfernter gelegenen Hügelpfad zurück zu nehmen. Beim Aufstieg blickten wir in die Talwindung hinunter, in der wir gewesen waren. Der Meereswind blies uns ins Gesicht. Tief atmete ich die scharfe Frische und Reinheit der Seeluft ein, die zudem erfüllt war vom Geruch frischer Erde und Vegetation. (Ich konnte nicht umhin, eine Duftwolke von frischem Dung aufzufangen, der auf den Feldern unterhalb verbreitet worden war.) Ich mußte an die Indianer der Vergangenheit denken, als es weniger auf dem Verstand beruhende Fähigkeiten gab, dafür aber die Begabung, über die Sinne zu empfangen und zu fühlen. Ein solcher Wind wäre voller Botschaften gewesen und hätte dem Empfänger vieles vom umliegenden Land erzählt. Diese Sinnesfeinheit hätte ihn mit Sicherheit auch das feinere Leben hinter der physischen Erscheinung wahrnehmen lassen, so wie ich nun schwach etwas Reines, sogar Heiliges in dem duftgeschwängerten Seewind verspürte.

Ich glaube, es lag an diesem Tagtraum, daß ich mir plötzlich bewußt war, ein Leben hinter der physischen Szene zu berühren, das ich bereits mit erneuerndem Entzücken in mich aufnahm. Ich wußte, ich berührte, ich fühlte das Leben des Hügels. Doch dieses Leben war auch Bewußtsein, und ich berührte gerade sozusagen den Saum seines Gewandes. Dies scheint dramatisch zu klingen, war es in Wirklichkeit aber nicht. Doch ich war mir jenseits meiner Gedanken fast dieser Quelle des Lichts und der Freude bewußt, die ich nur den Engel des Hügels nennen kann. Bis zu einem gewissen Grad konnte ich mir selbst sagen, daß die Windungen und Wellen des Hügels den Körper dieses Bewußtseins bildeten, obwohl man natürlich nicht von Körperlichkeit reden konnte, da das Bewußtsein auch eins war mit der scharfen Luft und den Wolken. Diese Berührung von etwas nahezu Majestätischem wirkte erhebend und verband mich in demütiger Weise wieder mit meinem eigenen Herzen. In diesen wenigen Augenblicken überschaute ich immer noch die Landschaft mit ihren von Menschenhand errichteten Bauwerken – den Straßen und Hütten entlang der Hügelkette und der neuen Umgehungsstraße, die ich zwar nicht sehen konnte, von der ich aber wußte, daß sie mehr im Inland lag – alles unwichtige Ergänzungen zu dem, was tatsächlich dort vorhanden war.

Außerdem wußte ich in stiller und undramatischer Weise, daß jenes Bewußtsein, der Engel des Hügels, völlig unberührt von der Frage war, ob es für uns „ein schöner Tag" war. Mit anderen Worten, er erfreute sich an gutem ebenso wie an wolkigem und feuchtem Wetter; beides nährte ihn gleichermaßen. Dieser Augenblick, in dem ich an einem Leben teilhaben konnte, das weit jenseits meines eigenen lag, war ein großes Geschenk, unerwartet und nicht bewußt gesucht. Ich habe mich bemüht, diese Verbindung zu verbalisieren, doch was sie in mir hinterließ, war ein starkes Gefühl des Wohlbefindens und der Heilung. Als wir langsam zu unserem Auto auf dem Plateau zurückwanderten, fühlte ich mein Herz von jeder einzelnen Hügelfalte berührt.

Wenn ich auf die Wanderung an jenem Januartag zurückblicke, stechen zwei Dinge hervor. Zum einen, wie sehr für den restlichen Tag jede Kontur der Landschaft eine Bedeutung zu haben schien; denn in recht unsentimentaler Weise hatte man mich auf die Kostbarkeit der Erde mit ihren Landschaften hingewiesen. Zum anderen, hatte es mich tief beeindruckt, daß der Engel im Gegensatz zu uns Menschen Freude an jedem Wetter dort oben zu empfinden schien.

Es kam mir der Gedanke, wie sehr wir doch, vielleicht unbewußt, an gewissen Dingen hängen. Dies kann auf allen Ebenen geschehen. Unsere Gesellschaft legt in eher oberflächlicher Weise großen Wert auf die Willensfreiheit. Natürlich ist das wunderbar, doch wenn sie von unserem äußeren Selbst bestimmt wird, mag sich das Gefühl einschleichen, daß unser Glück von gewissen materiellen Dingen in unserem Leben abhängt, was dann Schmerz verursachen kann. Einige Lehren des Ostens sprechen von Nicht-Verhaftetsein, was nicht eine Entsagung des Lebens auf physischer Ebene bedeutet. Doch wenn wir glauben, daß nur die Erfüllung bestimmter Wünsche uns glücklich machen kann, dann müssen wir bisweilen erleben, wie unsere sich anklammernden Hände einfach losgerissen werden. Wir lernen, daß die Quelle wahren Glücks irgendwo tiefer liegt. Gleiches gilt für die Emotionalebene. Wir mögen zwar annehmen, daß nur die guten Schulleistungen unserer Kinder, ein guter Arbeitsplatz oder ein Ehepartner, der unsere Meinung teilt, unser Glück ausmachen.

Meiner Ansicht nach können wir uns auch an spirituelle Liebe klammern. Unser Verlangen nach einer Vollkommenheit des Äußeren kann so stark sein, daß negative, ärgerliche oder ungestüme Gefühle uns ängstigen und bedrohlicher werden als nötig. Die Lektion, die ich in jenem Augenblick der Vereinigung mit dem Engel des Hügels lernte, stellte das Gegenteil von all dem dar. Ich erhaschte einen flüchtigen Blick in absolutes Gelassensein.

Der Engel schien in der bleibenden Erkenntnis zu leben:

„Was auch immer geschieht – alles ist jetzt in Ordnung.“ Einen Augenblick lang im Bewußtsein des Engels ruhend, fühlte ich, daß es nichts im Leben gab, dem man sich widersetzen mußte. Selbst in Schmerz und Leid konnte das Herz und vielleicht auch der Verstand wissen: „Alles ist jetzt in Ordnung.“ Selbst angesichts scheinbar beunruhigender Weltereignisse war es möglich, aus der Tiefe dieses stillen Verstehens stärker zu lieben und mehr zu heilen. „Alles ist in Ordnung – alles ist Teil eines umfassenden Enwicklungsprozesses, der zum Licht führt.“ White Eagle sagt: „Denkt daran in eurem Eifer, für die Vergeistigung der Menschheit zu arbeiten, daß die Liebe euer Werkzeug ist. Das heißt, ihr müßt inneren Frieden bewahren, Fehler und sogar Leid mit ruhigem Geist betrachten. Denn die Liebe wird euch lehren, daß hinter dieser äußeren Manifestation einer chaotischen Menschheit das Licht existiert, die Liebe und die Weisheit eures Vater-Mutter-Gottes.“

KAPITEL 4
DIE MACHT DES HEILIGEN ATEMS

Eine Möglichkeit, unser Nervensystem zu beruhigen und jene innere Stille zu gewinnen, von der White Eagle spricht, besteht darin, ganz bewußt Gott einzuatmen. Andererseits stellt diese Übung des Einatmens von Licht und des Ausatmens von Liebe eine wunderbare Art des Dienens dar.

Diese „Gott-Atmung“ ermöglicht es uns, die ätherische Verbindung zu stärken und zu sensibilisieren, um die Gegenwart der Engel in der Ätherebene zu fühlen. Unser Nervensystem wird ebenfalls gekräftigt, damit es in höchst ausgeglichenem Mitgefühl reagieren kann. White Eagle hat uns vielerlei Anweisungen gegeben, wie wir vorgehen sollen.

Wenn ihr nur die volle Bedeutung der Worte erfassen könntet: „Beatme mich, Atem Gottes... Atme in mir, Atem Gottes.“ Jeder Mensch atmet in jedem Augenblick seines Lebens das Leben Gottes, ohne das seine Existenz in einem physischen Körper unmöglich wäre. Denn ihr nehmt nicht nur die Luft in eure Lungen auf, sondern die Güte, Schönheit und Harmonie aus dem Leben Gottes. Wie viele Erdenbewohner mögen wohl die Kraft, Weisheit und Liebe darin erkennen? Ihr atmet das weiße Licht ein, das alle Farben zu dem einen Licht vervollkommnet.

Achtet auf die Kraft, die im Einatmen des Lebens liegt. Ihr atmet ein – in Dankbarkeit und innerem Frieden, denn dann atmet ihr die Liebe Gottes ein, das Leben des Universums. Ihr lebt und habt euer Sein in diesem universalen Leben.

In „Gebete im neuen Zeitalter" heißt es weiter:

Wir sprechen oft von dem „Einatmen des heiligen Atems". Was versteht man unter dem heiligen Atem? Er ist Harmonie. Wenn ihr versucht, den Atem Gottes einzuatmen, atmet ihr Harmonie und Heilung. Wie ihr diesen schlichten Vorgang durchführt, kann sich auf euer gesamtes Leben auswirken – eure spirituelle Entwicklung und eure physische, mentale und geistige Gesundheit. Entspannt in diesem Moment Körper und Geist und atmet tief, ruhig und langsam. Versucht euch vorzustellen, daß ihr Licht und Leben einatmet; daß ihr nicht nur Luft inhaliert, sondern jedes einzelne Teilchen eures Seins mit dem Atem Gottes erfüllt. Auf diese Weise werdet ihr ganz natürlich von allen Problemen befreit, die euch einengen; denn euer Geist konzentriert sich vollkommen auf Gott. Auch die Fesseln eurer Sorgen und Begrenzungen werden sich lösen, wenn ihr diese tiefe „Gott-Atmung" praktiziert. Sie wird euch Frieden, Ruhe und Selbstbeherrschung schenken.

Während ihr langsam, rhythmisch und ruhig atmet, gleichzeitig die Erde vergessend, erhebt eure Gedanken, euer Streben in die höhere Welt empor, die Welt des Geistes. Atmet den Duft der Rose ein. Atmet das Licht Gottes. Atmet die Liebe Gottes aus. Seid ruhig und wisset um Gott. Friede...Friede...seid ruhig.

Da der bewußte Atem die Verbindung zwischen dem ätherischen und physischen Körper bildet und da er sich auf alle feinstofflichen Hüllen auswirkt, bringt er dem Nervensystem Frieden und Ausgeglichenheit. Durch die bewußte Atmung stimmt ihr euch in harmonischerer Weise auf die inneren Welten ein. Ihr tretet in engeren Kontakt mit den Engeln. In SUN-MEN OF THE AMERICAS beschreibt White Eagle das Leben der Indianer, wie er es gekannt hat: „Man lehrte sie..., wie sie beim Atmen in der frischen Luft auch in Verbindung mit den Engeln des Lichts treten konnten.“ Er berichtet von dem Geruchssinn in Beziehung zur Erde. Wenn dieser besser entwickelt ist, vermag er die feineren Lebensessenzen der Erde wahrzunehmen.

Wenn ihr wollt, könnt ihr den Duft, das Leben, die Essenz der Erde mit eurem Geruchssinn wahrnehmen. Ihr könnt sogar noch weiter vordringen und das Wesen des kosmischen Körpers aufnehmen oder einatmen. Seht ihr, was dies bedeutet? Über euren physischen Geruchssinn vermögt ihr in das Leben Gottes einzudringen.

Jene rhythmische Atmung wirkt sich nicht nur auf euren Körper aus. Ein Hellseher erkennt, daß jemand, der ganz bewußt das göttliche Leben einatmet, ein helles Licht ausstrahlt. Es stärkt die Seele und veranlaßt diese, sich auszudehnen und Lichtfühler, Lichtstrahlen auszusenden. Ihr atmet ein und nehmt diesen Lebens- und Lichtstrom des Vater-Mutter-Gottes auf, laßt los und gebt ihn dann segnend an andere weiter. So absorbiert ihr Gottes Leben und segnet alles Leben. Ihr empfangt, gebt und schwingt somit in Harmonie mit dem rhythmischen Lebensstrom. Er wird eure Nerven nähren und euch ein Empfinden des Friedens und der Kontrolle vermitteln.

Eine solche bewußte Atmung wirkt sich harmonisierend auf die Verbindung zum Göttlichen aus, zu Gott, dem Innersten, dem inneren Tempel. Indem ihr eure Atmung verlangsamt und das Gottesleben einatmet, erfüllt Harmonie euer ganzes Sein und strahlt göttliche Energie aus. Die Atmung kann die drei Chakras miteinander verknüpfen, das Herz, die Kehle und den Scheitel. Wenn diese drei Zentren eine vollständige Einheit bilden, entsteht vollkommene Harmonie, deren Projektion kraftvoll ausströmt. Strahlt sie auf dem Atem Gottes aus. Du atmest göttliche Energie ein und projizierst oder atmest den Atem Gottes aus – den göttlichen Atem, um zu segnen und zu heilen.

Wenn ihr unsere Übung befolgt, wird sich Wohlbefinden einstellen, kein Schaden, nur Gutes. Eure rhythmische, tiefe Atmung wirkt sich auf die Mental- und Astralhülle und alle höheren Körper aus. Es muß der Atem göttlichen Lebens sein, den ihr atmet. Haltet eure Wirbelsäule aufrecht, da die Kräfte in der Körpermitte emporsteigen. Am Anfang sollte man nicht versuchen, zu tief zu atmen oder den Atem zu halten, da es zu Herzklopfen und Schwindel führen kann. Es ist nicht gut, sich beim Atmen anzustrengen. Es sollte harmonisch geschehen und kein Unbehagen bereiten. Ihr müßt langsam, ruhig und gleichmäßig atmen. Vertieft die Atmung nach und nach, so daß ihr schließlich den unteren Lungenabschnitt füllt und leert und dabei die Rippen ausdehnt.

Der gesamte Prozeß muß allmählich ablaufen.

Wenn möglich, steht, sitzt oder liegt am offenen Fenster oder geht hinaus an die frische Luft. Bei jedem Einatmen strebt Gott entgegen – fühlt Gott in euch hineintreten; segnet alles Leben, während ihr ausatmet. Dieses Einatmen läßt spirituelles Licht, Licht von der geistigen Sonne hinter der physischen Sonne, in euch hineinströmen und wird auf den Membranen des Kopfzentrums, auf der Stirn, wahrgenommen. Von diesem Zentrum aus könnt ihr das Licht auf mentalem Wege direkt zum Herz-Zentrum lenken. Auf diese Weise vermögt ihr das im Menschenherzen ruhende Samenatom mit geistigem Wasser und Sonnenlicht zu versorgen. Wenn ihr dieses göttliche Feuer in eurem Herzen fühlt, äußert es sich als Kraft und wird euch als Lichtstab erscheinen (die senkrechte Wirbelsäule). Falls ihr bei physischer Mattigkeit eure Yoga-Atmung praktiziert, werdet ihr mit Vitalität aufgeladen werden und keine Ermüdung mehr spüren.

White Eagle läßt uns die heilige Atmung oft anwenden, um einen sehr tiefen meditativen Zustand zu erreichen. Er führt dazu aus:

Wir bitten euch, die heilige Atmung, die langsame, rhythmische, ruhige, entspannte Atmung durchzuführen; vergeßt dabei die Erde und strebt der höheren Welt entgegen, der Welt geistigen Lebens, einer Welt des Lichts, in der alle Seelen sich des wahren Lebens, des Gotteslebens, bewußt sind. Denn dort wandeln und sprechen die Menschen mit Engeln. Wir wünschen, daß ihr emporstrebt und zu den Gebirgshöhen hinaufblickt. Stellt euch einen riesigen Berggipfel vor, der hoch hinausragt und sich fast eurer Sicht entzieht. Betrachtet diesen Berggipfel als den Thron des Königs aller Könige, des Herrn Christus. Seht ihn umgeben von einem großen Lichtkreis. In diesem Lichtkreis befinden sich zahllose Engelgestalten. Dieser Sternenkreis strahlt in unendliche Weiten hinaus.

Wenn wir White Eagles Worten folgen, dann atmen *wir* vielleicht nicht so sehr, als daß wir den Atem *uns* atmen lassen. Ermöglichen wir es dem Geist, in uns und um uns zu atmen, so sind wir ein Teil des großen Ozeans göttlichen Lebens. Nach den Worten White Eagles sind nicht wir es, die die Welt aufrechterhalten, sondern es ist Gott. Wir atmen nicht alleine, isoliert in unserem Körper und unserem Fleisch. Wir atmen mit allem Leben, mit der ganzen Erde und dem gesamten Kosmos. Wir erkennen, daß Gott in uns und mit uns atmet.

KAPITEL 5
ZEIT FÜR STILLE UND SCHWEIGEN

White Eagle sagt:

Der erste Schritt zur Bewußtheit besteht darin, einen Zustand der Stille, des Friedens und der Ruhe zu erlangen. Wenn es euch nicht gelingt, in diese stille Kammer einzutreten, könnt ihr euch dem darin verborgenen Tor nicht nähern, das sich zu dem weiten, grenzenlosen und ewigen Garten des Lebens hin öffnet.

Im Laufe eures Entwicklungsprozesses beseitigt ihr die Schleier, die euch von dem unermeßlichen Feld geistiger Macht trennen. Die Herrlichkeit, die jene erwartet, die sich dem Himmel nähern, hat kein Auge je gesehen und kein Ohr je vernommen. Das ist eure Zukunft, für die es sich zu kämpfen lohnt. Wenn euch materielle Dinge ablenken, bleibt ganz ruhig und sehr still. Denkt an die Brüder der Stille, ihre geistige Stärke liegt in der Stille. Berührt diese Stille, und die Kraft des Geistes wird in euch hinein fließen und eure Ängste zerstreuen. Nichts ist so wichtig wie Gott, und bevor ihr nicht die erforderlichen geistigen Qualitäten entwickelt habt und diese tiefe spirituelle Stille berührt, wird es euch schwerfallen, in die feinstofflicheren Ebenen einzudringen.

Diese tiefe Ruhe läßt sich nicht bloß dadurch erreichen, daß man einfach still ist oder einen ruhigen Ort aufsucht, obwohl dies durchaus hilfreich sein kann. Es ist vielmehr ein Zustand der Stille und des Schweigens, den man in sich selbst schafft, der das Tor zu jenem „grenzenlosen und ewigen“ Garten, in dem die Engel weilen, aufschließt. Diese innere Stille macht uns aufnahmefähig. Die Ansichten, Probleme, gedanklichen Angewohnheiten und Emotionen der Erde werden beiseite gelegt. Mehr noch, wir leeren unseren Geist von unserem Selbst, wie wir den alten Inhalt eines Bechers ausschütten, damit der Geist einfließen und ihn füllen kann. Innere Stille können wir im Laufe des Tages und während unserer Meditationsperioden durch einen gewissen Grad an Achtsamkeit entfalten. Außer von den Brüdern der Stille, spricht White Eagle auch von den erhabenen Engeln an der Spitze der sieben Strahlen – den Elohim – den stillen Wächtern. Achtsamkeit in diesem Zusammenhang bedeutet eine stille, dienende Haltung dem Leben gegenüber. Allzu oft neigen wir dazu, mit Handlungen und Worten oder kritischen Gedanken vorwärts zu stürmen und erkennen dann später ein umfassenderes Bild, das unsere Einstellung zu den Dingen ändert. Während der Meditation werden wir häufig ungeduldig, da wir nicht „sehen“ können oder anscheinend „überhaupt nichts wahrnehmen“. Wenn wir jedoch geduldig und aufmerksam warten, stellt sich schließlich ein Gefühl wunschlosen, stillen Friedens ein, so daß wir automatisch und ohne Anstrengung „die Schleier beseitigen, die uns trennen“. Es ist ein Prozeß, der ganz natürlich abläuft, falls wir die richtigen Bedingungen schaffen.

Diese Achtsamkeit im Alltag beruht teilweise darauf, daß wir die Notwendigkeit für Stille und Ruhe berücksichtigen, damit wir ein ausgeglichenes Leben führen, in dem es Energie und Enthusiasmus, aber auch Stille und Ruhe gibt. Solche Zeiten der Stille sind wichtig und für manche Menschen sogar lebensnotwendig. Trotz häuslicher Begrenzungen ist es möglich, sich für einige Minuten in die Stille zu begeben. Das muß nicht einmal in der Meditation sein, sondern einfach, indem wir in den Garten oder Park hinaus gehen, in einem stillen Zimmer im Haus, in der örtlichen Bibliothek oder in der Kirche sitzen. Manchmal genügt die einfache Bitte um Frieden.

Im Folgenden beschreibt White Eagle, wie vor langer Zeit die Indianer mit dem GEIST in Verbindung traten. Wir mögen uns vielleicht nicht auf die Bergspitzen begeben können, doch das Bild veranschaulicht, daß bestimmte Tageszeiten und Mondphasen besonders günstig sind.

Wir legen besonderen Wert auf jene Zeiten, in der ihr dem Leben jenseits des Schleiers sehr nahe seid, am Abend kurz vor dem Einschlafen oder in Augenblicken, in denen ihr alle äußeren Geräusche und mentalen Aktivitäten zur Ruhe kommen laßt – wenn ihr innerlich still werdet. Ihr könnt diesen Zustand erreichen, indem ihr euer Herz auf den sanften Geist des Christus und des Vater-Mutter-Gottes konzentriert. Während euer physischer Körper schläft, könnt ihr sehr aktiv sein. Die Alten wußten um diese Aktivitäten, die von Sonnenuntergang und während der stillen Stunden bis Sonnenaufgang stattfanden.

Die Zeit des Vollmonds, des Silbermonds, den die Alten als ein Symbol des höheren Verstandes oder Intellekts betrachteten, war eine Zeit stillen Wartens. In jener fernen Vergangenheit wanderten wir schweigend und betend durch das Gebirge. Nur die rhythmischen Fußtritte unterbrachen die Stille. Erwartungsvoll verweilten wir unter dem Silbermond, bis die goldene Morgendämmerung hervorbrach und die goldenen Strahlen das Silber durchdrangen.

Diese große mystische Wahrheit betrifft die Entfaltung eures Seins. Jeder muß selbst in seinem Innern daran arbeiten. Der Verstand muß zur Ruhe kommen und bereit sein, die Wahrheit aufzunehmen – er muß sich auf eine gewisse Stufe des Verstehens erheben. Auf dieser Ebene vermag er die golde-

nen Strahlen der Sonne oder des Geistes zu empfangen, so daß Seele und Geist sich begegnen.

Diese uralte Zeremonie aus längst vergangenen Zeiten wird auf den inneren Ebenen immer noch durchgeführt, und zwar an dem Kraftplatz Stonehenge in England. Sobald ihr eine gewisse Entwicklungsstufe erreicht habt, verflüchtigen sich die Nebel. Dann werdet ihr die Herrlichkeit der aufgehenden Sonne und die Heerscharen erhabener Wesenheiten, der Engel, erblicken – zeitlose Wesen, die darauf warten, euch zu diesem Tag des Erwachens, diesem geistigen Tag willkommen zu heißen. Denkt nicht, daß ihr von einem solchen spirituellen Erleben, einer solchen Glückseligkeit, weit entfernt seid. Ihr seid es nicht. Täglich nähert ihr euch dieser Erleuchtung, für die ihr euch in Herz und Verstand vorbereiten müßt.

Denkt daran, bevor ihr euch des Nachts zur Ruhe legt, solltet ihr euch darauf vorbereiten, euren physischen Körper zu verlassen und in die höheren Sphären einzutreten. Dort werdet ihr geistige Erfahrungen machen, die sich eurem Verstand in einer Weise einprägen, daß ihr am Morgen mit der schwachen Erinnerung aufwacht, daß etwas Wunderbares geschehen ist. Mit dieser Vorbereitung auf den Schlaf und die Art und Weise, in der ihr schlaft, übt ihr euch, göttliche Erleuchtung und Freiheit von den Fesseln und Ketten irdischen Daseins zu erlangen.

Beim Einschlafen soll euer Verstand still und ruhig sein. Denkt an die Stille, die die Erde einhüllt. Die gesamte Natur schläft. Stimmt euch auf den Rhythmus der Natur ein. Auch sie erwartet in ähnlicher Weise das Kommen, die Taufe der Sonne. Dann löst ihr euch harmonisch, und der Schutzengel an eurer Seite nimmt euch bei der Hand und führt euch zu einem der zahlreichen Tempel auf der Ätherebene. Dort werdet ihr Anweisungen erhalten, die sich eurer Seele so leben-

dig einprägen, daß ihr einige Erfahrungen in euer Wachbewußtsein mitnehmt.

Stellt euch die Engelwesen vor, wie sie singen und Gott preisen für die Herrlichkeit des reicheren Lebens, der Schönheit der unsichtbaren Welten. Gebt euch still und ruhig hin. Entspannt im Schlaf und ihr, euer wahres Selbst, werdet befreit in die Welt des Lichts treten und euren Platz einnehmen. Dort dürft ihr lernen und jene Menschen auf Erden erreichen und belehren, mit denen ihr verbunden seid und die der Hilfe bedürfen, die ihr zu geben vermögt.

Die folgenden Worte White Eagles sind eine Meditation über die Stille.

Am Anfang war das Wort, und das Wort kam aus dem Herzen des Schweigens, aus der Stille des Lebens. Schweigen ist Macht. In der Stille rührt sich Leben, wenn das Wort Gottes hervortritt.

Lärm und Zwietracht wirken störend und zersetzend. Vergeßt nicht, der Verstand kann ebensoviel Lärm machen wie der Mund.

Meditiere über die Stille Gottes....

Dann wird das Licht von euch ausgehen, und ihr werdet als Strahlen der Heilung und des Friedens dienen.

KAPITEL 6
DIE CHAKRAS:
BRÜCKE ZUR ÄTHERWELT

Wenn White Eagle über das Chakra-System spricht, pflegt er sich nicht über okkulte Einzelheiten zu äußern. Bei einer Gelegenheit jedoch gab er einen Überblick, den ich als besonders hilfreich und anregend betrachte.

Neben einer Beschreibung der wunderbaren Engelwesen, die sich in der Stille eines Heiligtums versammeln, sprach er auch über die Entfaltung der Chakras. Diese Energiezentren im Ätherkörper sind mit den Hauptnervenknoten des physischen Körpers verbunden. Die Seeleneigenschaften manifestieren sich durch die Chakras. White Eagle erklärt, daß wir in der Meditation durch die Öffnung und Entwicklung der Chakras sowie durch liebevolles Dienen im Alltag die Fähigkeit erlangen, die Gegenwart der Engel zu erfahren.

Wir sprechen von den Engeln und Devas; dieses kleine Heiligtum ist besonders heute Abend von reinem weißen Licht erfüllt. Wenn ihr Augen hättet zu sehen, würdet ihr sehen. Vor der Hypophyse befindet sich das dritte „Auge", das die Schwingungen der nächsten Stufe, der Ätherebene, registriert. Das physische Auge nimmt nur die Schwingungen des physischen Lichts wahr. Aber das Brauen-Chakra mit der Hypophyse reflektiert das ätherische Licht. Wenn ihr eure Aufmerksamkeit darauf konzentriert, solltet ihr zunächst Licht und dann Farben wahrnehmen. Es sind die zartesten Regenbogenfarben. Wenn ihr geübt seid, eure Augen schließt und die äußeren Sinne zeitweilig außer Kraft setzt, kann jeder von euch die Farbschwingungen der Ätherebene erschauen. Außer den zarten Regenbogenfarben, die in wunderschönen, sanften Wogen vibrieren und sich bewegen, werdet ihr Wesen mit gefalteten Schwingen wahrnehmen, die dieses Heiligtum umgeben. Sie stehen schweigend, und ihrer Aura entströmen Strahlen des Lichts.

Wir möchten euch auf die sieben Lebensebenen oder Schwingungsstufen aufmerksam machen, die über die Chakras mit dem physischen Körper in Verbindung stehen. Diese Energiezentren sind der unteren Ätherhülle und der Wirbelsäule angeschlossen und stellen die Empfangsstationen für die Lebenskraft dar. Nur über diese Zentren und den Ätherkörper, mit dem sie verknüpft sind, bewahrt der Körper seine Vitalität. Hinzu kommt, daß der Ätherkörper– er ist jener Teil des Menschen, der ihm eine Verbindung zu den höheren Welten ermöglicht – eine Brücke zwischen dem Materiellen und Geistigen bildet.

Der dichte Ätherkörper ist mit einem noch feinstofflicheren, einem Lichtkörper verbunden. Diese Lichthülle, der Seelenleib, besitzt sein eigenes Bewußtsein und wird nicht bei der physischen Geburt geschaffen, sondern hat sich über einen langen Zeitraum hin entwickelt. Eingewoben in diesen Seelenkörper finden wir die Erfahrungen der Vergangenheit, der höheren Welten, der höheren Seinsebenen.

Ihr habt von der Hypophyse, die hinter und zwischen den beiden Augen liegt, gehört. Sie ist mit der nahe dem Kleinhirn gelegenen Zirbeldrüse verbunden. Es sind diese beiden Drüsen, über die das Seelenbewußtsein aufrechterhalten wird. Sie stehen mit den psychischen Zentren (Chakras) im Kopf in Beziehung und werden im Laufe der Entwicklung zusammenwachsen. Dann wird sich das Scheitel-Chakra weit öffnen und sich vollkommenes Seelenbewußtsein einstellen. Das voll entwickelte Scheitel-Chakra auf den Abbildungen von Buddha symbolisiert das Erwachen dieses höchst wichtigen Zentrums.

Das Seelenbewußtsein manifestiert sich durch die Kopf-Chakras. Dennoch, der göttliche Geist hat seinen Sitz im Herzen. Das Herz-Chakra bildet das Kraftzentrum, das heißt, wenn die geistige Kraft oder die Liebe in das Herz-Zentrum fließt, strömt sie weiter in die anderen Chakras, die dann aufleuchten.

In der White Eagle Gemeinschaft arbeiten wir mit einem speziellen Strahl, um uns gegenseitig zu helfen und über die Begrenzungen der Erde zu erheben. Dieser Vorgang läuft stufenweise ab, doch so unmerklich, daß er nicht in Erscheinung tritt, es sei denn in der Atmosphäre (die als liebevoll empfunden werden mag). Die einzige Grundlage, auf der die Gotteskräfte aufgebaut werden können, ist die der Hingabe und Liebe. Diese Eigenschaften öffnen das Herz-Chakra, und Licht entströmt dem Herzen. Das Licht des Herzens regt die Schlangenkraft Kundalini (die schöpferische Lebenskraft an der Wirbelsäulenbasis) an, die aufsteigend alle anderen Zentren im Körper erweckt.

Der sichere und richtige Weg geistiger Entwicklung geht vom Herzen der Liebe aus. Eure Meditation lehrt euch, diese höheren Chakras zu aktivieren und euer Bewußtsein für die Reinheit der geistigen Lebensebenen zu öffnen. Die inneren Fähigkeiten richtig zu entfalten, geschieht am besten durch die Entwicklung des sechsten Sinnes oder der Intuition, die aus dem Herz-Zentrum heraus wirkt. Die echte Meditation oder Kontemplation über Gott und alles Heilige öffnet das Herz-Chakra. Während der Meditation werdet ihr euch stets des göttlichen Willens bewußt, die Emotionen zu beherrschen und weise zu lenken – nicht zu unterdrücken, sondern auf eine höhere Ebene der Liebe, des Dienens und der Güte zu erheben. Diese tägliche Meditation bildet den wahren Weg der geistigen Entwicklung der Kräfte klaren Sehens und Hörens. Die Kraft wird dann im Solarplexus überwacht und im Her-

zen, der Kehle und im Kopf angeregt. Sie wird jederzeit von dem göttlichen Willen im Herzen gelenkt.

Liebe vermag die Entfaltung der Chakras zu beschleunigen, aber die Entwicklung der Liebe ohne Wissen genügt nicht. Es ist notwendig, das Wachstum des Weisheitsaspekts zu fördern und danach zu streben, sich des Wirkens auf jenen höheren Ebenen voll bewußt zu sein. Wir wissen, daß alles mit Liebe getan werden kann, doch ohne Wissen gleicht sie einer Blume, die sich nicht geöffnet hat. Liebe ist auch Weisheit; um zu lieben, müßt ihr weise sein, denn ihr könnt euren Mitmenschen am besten helfen, wenn ihr ihnen Liebe und Weisheit schenkt. Nehmen wir die scheinbar selbstlose Liebe einer Mutter für ihr Kind. Sie kann von ihrer Liebe geben und geben und geben, bis das Kind völlig ruiniert ist. Ist diese Liebe selbstlos oder ist es nur Nachgiebigkeit? Wahre Liebe setzt das Wohl des anderen an erste Stelle – das Gute, den echten geistigen Nutzen. Ihr gebt das, was den anderen Seelen helfen wird, ebenfalls ihre Liebe und ihre gottgleichen Eigenschaften zu entwickeln.

Zum Schluß dieses Abschnitts bringt White Eagle uns wieder zurück zu der selbstlosen, leidenschaftslosen Liebe – der reinen Liebe der Engel, wie er sie nennt. Es ist eindeutig, daß er die unmittelbare Anregung und Entfaltung der Chakras nicht befürwortet. Er veranschaulicht uns vielmehr, wie durch Selbstdisziplin und Konzentration auf die Liebe und Weisheit des Herzens alle übrigen Chakras in höchst natürlicher und harmonischer Weise ausbalanciert und entwickelt werden.

Schönheit liegt auch in seiner Beschreibung jener geistigen Bewußtseinsstufen und Schauungen, die sich mit der natürlichen, sanften Entfaltung der Chakras einstellen – durch Meditation und weise, im Alltag zum Ausdruck gebrachte Liebe. Wie immer betont White Eagle, daß jegliche geistige Entwicklung mit dem „Kehren vor der eigenen Haustür“ beginnt. Nur durch die Auseinandersetzung mit den Herausforderungen unseres eigenen menschlichen Daseins vermögen wir uns auf die inneren Welten einzustimmen.

Es sind eure Reaktionen auf die täglichen Ereignisse und Lebensbedingungen, durch die ihr wirkliche Einstimmung erreichen könnt. Es bringt nichts, White Eagle oder einem anderen Lehrer zuzuhören, ohne an eurer Selbstbeherrschung zu arbeiten. Der Beginn dieser Arbeit liegt darin, daß ihr euch der „stillen, kleinen Stimme“ im Innern bewußt werdet, des allmählich zunehmenden Lichts in euch, das euch dazu veranlaßt, als „sanfter Bruder“ auf alle Bedingungen und Umstände des Lebens zu reagieren.

Auf diese Weise öffnen sich eure Augen für die unzähligen Ätherformen, die in den Himmeln, die die Erde durchdringen, dahingleiten. Der Weg, den Blick zu öffnen und das Bewußtsein zu wecken, liegt in der stillen Meditation. Unter Meditation verstehen wir, jenseits aller Gedanken in die Ebene geistigen Lebens zu schreiten und das Licht, die Kraft wahrzunehmen, das zunächst nur ganz schwach einem elektrischen Strom in euch gleicht.

Es ist das Licht des Geistes, jene Kraft, die langsam und stufenweise in eurem Körper zum Kopf emporsteigt. Die alten Weisen sprachen von der Sonnenkraft. Sie soll erst angeregt werden, wenn der Mensch ernsthaft nach der Wahrheit und der Nachfolge Christi sucht, aber nicht aus selbstsüchtigen Motiven oder um seine Neugierde zu befriedigen. Durch Gebet und Meditation beginnt sich jene Kraft zu regen.

Wenn ihr auf diese Weise durch die Entwicklung des inneren Lichtes einen gewissen Grad an Sensitivität erreicht habt, werdet ihr in erhöhtem Maße auf den Einfluß der geistigen Sonne reagieren. Durch das sensitive Nervensystem wird das

Bewußtsein des Gehirns erweitert – die Augen des Geistkörpers öffnen sich. Wenn ihr die Herrschaft über den physischen Körper, das Nervensystem und das Denken gewonnen habt – dann seid ihr fähig, in der Meditation „den Tempel der goldenen Blume“ aus geistiger oder himmlischer Materie um euch aufzubauen. Während der Meditation gleicht ihr einer wunderschönen, weit geöffneten Blume wie der tausendblättrige Lotos des Scheitel-Chakras oder der vielblättrige Lotos des Herz-Zentrums. Ihr seid Geist und befindet euch inmitten dieser Blume, und diese Blume umgibt euch in Form eines wunderbaren Tempels, eines Geisttempels. Ihr seid dann im Tempel eurer eigenen Seele und eurer eigenen geistigen Welt.

KAPITEL 7
IM EINKLANG MIT DER NATUR

Im Engelreich der Ewigkeit
Wacht über Steine auch ihr Federkleid
Und dein geschlossen Auge nur
Verliert der vielen Wunder Spur.

- Francis Thompson -

Es ist kein Zufall, daß White Eagle immer wieder auf die Welt der Natur hinweist. Wiederholt hat er die enge Beziehung der Indianer zur „Mutter Erde“ und ihren Geschöpfen beschrieben und wie diese Verbindung für den „roten Mann“ die Grundlage spirituellen Wachstums und geistiger Kraft bildet. Er hat uns außerdem darauf hingewiesen, daß wir eine engere Verbindung zur Ätherwelt herstellen können, wenn wir uns auf den Rhythmus der Natur einschwingen.

Nach den Aussagen White Eagles stehen die Engel unter der Führung der göttlichen Mutter in engem Kontakt zu der Natur und zu dem Tierreich, in einer Weise, die sich unserem begrenzten Erdenverstand entzieht. Er hat uns in zunehmendem Maß gelehrt, diese Verbindung zur Natur zu entwickeln, wenn wir wie die Alten mit den Engeln zusammenarbeiten wollen, um die Erde zu heilen und die Manifestation des Lichts auf Erden zu fördern. In den folgenden Passagen (von denen eine in dem Buch „Naturgeister und Engel“ veröffentlicht wurde) beschreibt er in wunderbarer Weise diese enge Beziehung zwischen der Natur und den Engeln, woraus hervorgeht, wie wichtig es für uns ist, unsere Einheit mit der Natur und dem darin enthaltenen ätherischen Leben zu spüren.

Der Materialist besitzt seinen Platz im Gesamtbild der Evolution. Es gibt der Menschheit eine Kraft, einen Antrieb, der schließlich zur Öffnung des höheren Verstandes führt. Denn aus diesem zwingenden Hunger wird ein anderer Antrieb geboren, der Drang der Liebe, das Verlangen, mit etwas in Verbindung zu treten, was zuvor nicht verstanden wurde, für das jedoch durch allmählich erwachende Intuition ein Bedürfnis erwacht.

Im allgemeinen verlangen die Menschen nicht immer danach zu lieben oder Liebe zu geben, sondern sie wünschen, geliebt zu werden. Aus dieser unterdrückten Flamme erhebt sich der Wunsch, das Unsichtbare zu verstehen, das sich dennoch wahrnehmen und fühlen läßt. Denn wenn sie auf den erwachenden Frühling blicken, sanfter, wunderbarer Musik lauschen und voller Staunen einen Sonnenuntergang beobachten oder eine strahlende Sternennacht betrachten, sagt ihnen der Verstand, daß hinter dem Ausdruck solcher Schönheiten eine Kraft liegen muß - vielleicht ein Geist, ein Intellekt, der alles hervorbrachte und dessen Kraft eine harmonische Note in der Brust erklingen läßt. Denn nicht nur die Schönheit von Farbe und Form und die Erhabenheit der Natur, sondern unsichtbare Schwingungen, die sich hinter der physischen Form verbergen, schenken der Seele Harmonie.

Durch das Christus-Bewußtsein in euch vermögt ihr die herrlichen Naturgeister hinter der materiellen Gestalt, hinter allem fühlenden Leben wahrzunehmen. Wir möchten eure Augen für diese große Bruderschaft der Natur öffnen, denn zur gegebenen Zeit müßt ihr lernen, euch an die Heerscharen des Engelreiches zu wenden. Das „Wassermann-Zeitalter" wird den Menschen das Engel- und Naturreich näherbringen.

Der erleuchtete Meister, der die Arbeit der White Eagle Gemeinschaft beaufsichtigt und lenkt, versteht sich ganz besonders darauf, Kontakt zu den Elementarwesen, den Natur-

geistern und den Engeln aufzunehmen. Ihr alle werdet allmählich diese Fähigkeit entfalten; ihr könnt euch selbst und allen Wesen, den Tieren, Blumen und der gesamten Natur, helfen, indem ihr einfach wie Kinder werdet. Denkt nicht, wir wollten die intellektuelle Entwicklung damit herabsetzen, denn der Intellekt wird es der Menschheit ermöglichen, jene wundersamen Lebensformen und -stufen vollständiger zu verstehen. Doch ihr könnt euch selbst und der Welt helfen, die Brüderlichkeit zwischen Menschheit und Engeln zu erreichen, indem ihr euch bemüht, beim Anblick der physischen Form, in diese hineinzuschauen und das Wirken des Geistes zu sehen.

Versucht, durch die äußere Gestalt hindurchzublicken und die geistige Form darin oder dahinter wahrzunehmen. In eurer Meditation mögt ihr Steine und Felsen sehen. Versucht, diese Felsen mit eurem geistigen Auge zu durchdringen. Dann werdet ihr euch in einem Märchenland, in der Höhle Aladins wiederfinden; die Steine leuchten kostbaren Juwelen gleich in seltener und herrlicher Farbenpracht. Im Voranschreiten wird der Schüler lernen, daß das Mineralreich keineswegs unbelebt ist; es enthält pulsierendes Leben und bis zu einem gewissen Grad auch Intelligenz – etwas, das der Menschenverstand vielleicht kaum zu erfassen vermag. Ihr erkennt noch nicht, welche Welt der Schönheit sich in der Welt physischer Materie verbirgt. Der wahre Hellseher erlebt die Freude, diese Schönheit enthüllt zu sehen.

Nehmt sie in den Wurzeln der Bäume wahr, in ihrem Stamm, den Zweigen und Blättern. Seht das weiße Licht mit dem Saft emporsteigen. Erkennt dieses Wunder in den Blumen, den Büschen und Bäumen und in der gesamten Natur. Haltet stets nach dem Geist hinter oder innerhalb der Form Ausschau. Werdet eins mit dem geistigen Gottesleben in allem, was ihr seht. Erkennt es in der Luft, die ihr atmet, in dem Wasser, das ihr trinkt und in dem ihr badet. Verfeinert diese innere Gabe; nennt sie, wenn ihr so wollt, Imagination. Doch denkt daran, daß die Imagination die Brücke bildet, die euch über die physische Materie in die ätherische und auch in die himmlische Welt hineinführt. Wenn ihr diese Gabe nutzt, könnt ihr euch selbst und der ganzen Menschheit helfen. Sie wird Harmonie und Schönheit in euer Leben bringen, denn es werden sich euch Welten eröffnen, von denen ihr zur Zeit nicht einmal wißt, daß sie existieren.

Die Erde ist nicht dunkel, wie man gewöhnlich vermutet, sondern eine Fülle an Feuer und Licht.

DIE SCHÖNHEIT UND HEILIGKEIT DER BÄUME

In den folgenden Passagen spricht White Eagle über die Freude, die wir angesichts der Majestät und Schönheit der Natur empfinden. Obgleich oft unbewußt, entstammt diese Freude unserer Empfänglichkeit für die Gegenwart der Engel.

Vielleicht habt ihr bisher noch nicht erkannt, welche bedeutende Rolle die Natur im großen Lebensplan spielt. Wir sind uns der Schönheit der Bäume bewußt, und viele Menschen lieben es, alleine unter den Bäumen zu wandern oder zu sitzen, über das Sonnenlicht nachzusinnen und von einer strahlend schönen Welt zu träumen. Selbst dann mögt ihr das dahinter, unterhalb und oberhalb pulsierende Leben nicht völlig wahrnehmen. Ein Baum mag für euch nicht mehr als nur ein Baum sein. Aber euer Streben und eure Einstimmung werden euch von euren Fesseln befreien, und mit dem erleuchteten Auge der Wahrheit könnt ihr sehen, daß alles Leben in einander übergeht, die Scharen der Engel, Naturgeister und Devas, und ihr fühlt euch erneuert und verjüngt. In dieser neuen Welt werdet ihr euch eines Lichts bewußt, das alle jene sprühenden, sich bewegenden Lebensatome umgibt und durchdringt.

Wie eine Mutter umhüllen die Bäume die Menschheit; Bäume symbolisieren die erhabene Mutter. Wenn wir dies erkennen, können wir im Gehölz wandern, unter ausladenden Eichen, einem uralten Feigenbaum oder einer majestätischen Zeder sitzen und uns dieser göttlichen Mutterliebe bewußt werden, die uns umgibt.

Die Weisen vergangener Tage wählten die Bäume als ihre Kathedralen. Könnt ihr nicht in der Säule, dem Bogen und dem Kreuzgewölbe einer Kathedrale oder eines Palastes ein Symbol, eine Nachbildung der grundlegenden Strukturelemente eines Baumes erkennen? Habt ihr nicht in der Stille des Waldes – wahrhaftig einer Kathedrale – ein Gefühl der Liebe und des Friedens empfunden und die Segnungen solcher Naturheiligtümer verspürt? Auf der Astralebene des Lebens haben Baumgeister viele solche Kathedralen erbaut, wo zahlreiche ermüdete Seelen von der Erde Erquickung finden und nicht mit Worten, sondern durch die Liebe und Dankbarkeit des Herzens anbeten.

In uralten Zeiten, als es noch keine steinernen Tempel gab, versammelten sich die einfachen Brüder auf einem hohen Plateau oder einer Bergspitze, und obwohl es in dieser Höhe häufig keine Bäume gibt, können wir euch im Geiste in einen solchen Baumtempel führen. Dort werdet ihr riesige Bäume sehen, die grünen Säulen gleichen. Ihr werdet den von anmutig schwingenden Baumzweigen gebildeten hohen Mittelgang, das Mittelschiff, wahrnehmen und das Licht der geistigen Sonne, das auf die sanft sich im Winde bewegenden Blätter fällt. Wenn ihr mit eurem Herzen und eurem höheren Verstand genau hinschaut, könnt ihr in diesem Sonnenlicht die unzähligen Gestalten der Sonnengeister und die kleinen Sylphen in der sanften Brise erkennen. Ihr werdet auch bemerken, daß die Bäume einen Naturtempel bilden – eine natürliche, anmutige Struktur, erfüllt von Myriaden von Geistwesen der Sonne, der Luft und der Erde – die Erdgeister streben empor und wirken geschäftig auf dem grünen Teppich, der den Schauplatz bedeckt. Hier werdet ihr in eurer Meditation die Bruderschaft allen Lebens erahnen, dem Gesang der Vögel lauschen, die Süße der Natur aufnehmen – hier in diesem Tempel im Herzen des Himmels.

Die heiligen Riten, die unsere Vorfahren vollzogen, spiegeln das Wissen und die Weisheit der Gottesboten und Engel sowie der Besucher von anderen planetarischen Sphären wider. Wir selbst haben einst in einem Pinienhain unseres Landes an einigen dieser wunderbaren alten Rituale teilgenommen. In der Gemeinschaft unserer Brüder verharrten wir viele Tage und Nächte und beobachteten den Strahlenglanz der hinter den Pinien wiedergeborenen Sonne. Wir haben sie in den Himmel aufsteigen und in schweigendem Gebet und in Kontemplation als goldenen Ball hinter den Pinien verschwinden gesehen. Man lehrte uns, daß jene Pinienbäume die Geburt der Sonne symbolisierten – nicht nur der irdischen Sonne, sondern des geistigen Sohnes, des Christus.

Bei einer anderen Gelegenheit beschrieb White Eagle seine Perioden der Ruhe in der geistigen Welt und hob die große Bedeutung einer Verbindung mit der Natur und, in diesem Falle, mit den Bäumen hervor – selbst dann, wenn jemand in die Welt des Lichtes eingetreten ist.

Ebenso wie ihr euren Körper des Nachts niederlegt, begeben wir uns in die „Hallen des Schlummers". Einmal entzogen wir uns der Hülle, die wir beständig tragen, um mit der Erde in Kontakt zu treten und legten sie auf einer bemoosten

Bank inmitten von Pinienbäumen nieder – denn Pinien sind für uns von ganz besonderer Bedeutung. Sie sind Teil dieser Hülle, die wir benutzen. Das Vehikel selbst, dessen wir uns bedienen, schwingt in Harmonie mit der Natur, den Pinienbäumen, dem Himmelszelt und den Sternen. Und die Welt verblaßte, und die Hülle, die wir benutzten, schlief unter den Pinien.

Ebenso wie euer physischer Körper ausruhen kann und in diesem Zustand aus seiner Umgebung Licht und Kraft aufnimmt, so bedarf auch unsere Form, die sich unserer Arbeit auf Erden anpaßt, der Ruhe und Erneuerung. Aber wir selbst sind nicht diese Hülle. Wir sind von ihr getrennt, wir sind frei.

In diesem Zustand also ruhte sich die körperliche Hülle aus und nahm die Schönheit der Lebenskraft jener Pinienbäume in der geistigen Welt auf.

Vielleicht vermittelt diese Beschreibung, die White Eagle über seine Beziehung zu den Pinienbäumen gibt, einen winzigen Einblick in das Empfinden, „eins zu sein“ mit dem Naturreich. Eine Einheit des Seins, bei der sich die Begrenzungen des physischen Lebens auflösen und die Seele frei ist, die Schöpfung aufzunehmen und von ihr aufgenommen zu werden. Es gibt Menschen, die einen solchen Bewußtseinszustand in der Natur erlebt haben, vielleicht in einer weniger häufig besuchten Gegend. Diese Erfahrung können wir auch während der Meditation machen, einen Zustand erleben, in dem man sich seines Körpers und gleichzeitig der engen Verbindung mit dem Leben bewußt ist.

BETRACHTUNG DES MEERES

White Eagle setzte seinen Ausführungen über die besondere Eigenschaft der göttlichen Mutter, die man unter den Bäumen empfinden kann, das Gefühl der Stärke entgegen, das eine Betrachtung des Meeres schenkt.

Die Betrachtung des Meeres wird eurer Seele eine neue Bedeutung enthüllen. Wenn ihr an einem einsamen Ort alleine dasteht und auf das stille, ruhige Meer hinaus blickt, kann sich eure Seele ausdehnen und der unendlichen Weite, Tiefe und Sinnhaftigkeit des Lebens bewußt werden. Euer schwaches, irdisches Fassungsvermögen beginnt angesichts der stillen, machtvollen Herrlichkeit des Ozeans zu taumeln.

Stellen wir uns das Meer vor; fühlen wir die Bewegung, das Leben der See....überströmende Freude. Seht die Klarheit des Wassers und das darauf tanzende Sonnenlicht. Identifiziert euch mit dem Bruder Ozean, Bruder Luft und Bruder Sonne...Möge das Meer euch von den ewigen Kräften, die in der Schöpfung des Universums liegen, erzählen; die Wasser umfassen die Menschheit in umhüllendem, doch unpersönlichem Frieden...Sie halten euch alle in einer unendlichen Kraft.

VÖGEL UND ENGEL

White Eagle lehrte, daß die Engel besonders mit dem Luftreich in Verbindung stehen. Aus dem gesamten Tierreich stehen daher die Vögel den Engeln am nächsten, da sie die Luft beherrschen und sich in diesem Element frei bewegen. Es gibt viele erstaunliche Berichte über die weiten Entfernungen, die Vögel zurücklegen können – wie der junge Mauersegler, der nach seiner Geburt die Erde drei Jahre lang nicht berühren wird. White Eagle spricht von weiteren Verbindungen zwischen den Vögeln und den Engeln.

In der antiken Mythologie betrachtete man den Vogel als Gottesboten; er symbolisierte auch einen bestimmten Seelenaspekt. Vögel spielten daher eine wesentliche Rolle in der Lehre über spirituelle Eigenschaften. So mancher, der nach Weisheit suchte, pflegte stundenlang dem Gesang der Vögel zu lauschen, studierte ihre Gewohnheiten und lernte, ihre Sprache zu verstehen.

Der Vogelgesang berührt verborgene Schwingungen in euch, die auf himmlische Einwirkungen zu reagieren vermögen. Er kann dabei helfen, jenen Aspekt geistigen Lebens zu stärken und dem menschlichen Bewußtsein nahe zu bringen, mit dem er in Einklang schwingt.

Vogelgesang schenkt einfach Freude. Er bringt eine Saite in euch zum Erklingen, die eure Seele in die geistigen Welten trägt. Lauscht nicht nur mit dem Verstand, sondern auch mit dem Herzen – dann werdet ihr frei. Ihr fliegt; den Vögeln gleich triumphiert ihr über das Irdische. Wenn die Seele die geistige Welt betritt, befindet sie sich zunächst in einer lieblichen Umgebung, manchmal in einem wunderschönen, sonnendurchfluteten Garten mit buntgefiederten Vögeln. Oder ein sonnendurchlichteter Wald eröffnet sich der Seele, in dem sie sich mit den Vögeln unterhält, deren Geistwesen auf ihren Schultern sitzt.

Die Gesänge der Vögel sind die Schwingungen, die den Naturgeistern helfen, die Früchte der Erde hervorzubringen. Übt euch darin, alle irdischen Geräusche auszuschalten, wenn ihr in den Wäldern seid, und in euren innersten Wesenskern einzutreten; dann werdet ihr die Klänge und Harmonien nicht nur der Natur, sondern die Natur in der Natur vernehmen. In dieser Musik haben die Naturgeister ihr Sein; die Klänge be-

schleunigen ihre Lebenskraft und befähigen sie, von dem Oberhaupt ihres Strahles Anweisungen zu empfangen.

Vögel symbolisieren Seeleneigenschaften, Ströme der Lebenskraft von der Gottheit, und daher stellen sie eine Verbindung zwischen der Menschheit und Gott her. Wenn Vögel sterben, werden sie in einem Ätherkörper im Naturreich wiedergeboren. Sie werden wiedergeboren (allgemein gesehen) als Zwerge, die die Ätherwelt bevölkern und deren Arbeit hinter den Schleiern der Materie darin besteht, das Wachstum der Blumen, Büsche und Bäume zu unterstützen. Die Vögel haben an diesem Naturreich teil, und im Laufe ihrer Evolution – die lange dauert – entwickeln sie sich zu Luft-, Feuer- oder Wassergeistern. Schließlich erreichen sie die Stufe der sogenannten Engel oder Devas, und ihre weitere Evolution führt sie durch die Sonneneinweihung zur Stufe der planetarischen Wesenheiten.

Entsprechend ihres Lebensstroms, auf dem sie aus dem Herzen Gottes entsandt wurden, entwickeln sich einige Engel über das Vogeldasein, über das Naturreich, bevor sie ihren Platz in den himmlischen Heerscharen einnehmen, die über die Menschheit wachen.

White Eagles Worte halfen mir zu erkennen, warum der Vogelgesang für manche Menschen so erhebend und froh wirkt. Ich erinnere mich, daß sich zu Beginn des Wassermann-Zeitalters (ein Luftzeichen) überall ein wachsendes Interesse an der Bedeutung des Engelreichs und der Notwendigkeit zu zeigen schien, die Natur zu erhalten. Dieses Bewußtsein spiritueller Wissenschaft ist meiner Ansicht nach ein ebenso wichtiger Teil des echten „Wassermanns" wie empirische Wissenschaft und mentale Entwicklung. Es werden im Grunde genommen das zunehmende Verständnis und das innere Wissen in bezug auf unsere wahre Beziehung zur Natur und den Engeln sein, die mit fortschreitendem Zeitalter zu den größten wissenschaftlichen Entdeckungen und Erfindungen führen werden. Ich empfand, daß die Wissenschaft stecken bleiben mußte, falls sie diese Bewußtseinsstufe nicht erreichen konnte, die den nächsten Schritt bildet.

Während ich schreibe, denke ich vor allem an die Arbeit des White Eagle-Zentrums in Texas. Es ist in der Gegend nicht nur für sein spirituelles Wirken, sondern auch für die Rettung und Wiederherstellung verletzter Vögel (besonders Raubvögel) bekannt. Die Helfer dort betrachten die Vögel sicherlich als eine Bereicherung des Zentrums, auf emotionaler und geistiger Ebene.

IM EINKLANG MIT DEM LEBENSSTROM DER NATUR.

White Eagle hat uns erklärt, daß wir durch unsere Beziehung zur Natur nicht nur lernen, mit den Engeln zusammenzuarbeiten, sondern auch unseren physischen Körper in Gleichgewicht und Harmonie zu bringen. Er sagt, daß viele Krankheiten und mit Sicherheit die „Nervenanspannung" der heutigen Zeit auf unsere „Naturferne" zurückzuführen ist. Das Wassermann-Zeitalter ist das Zeitalter des Geistes, und die mentalen Fähigkeiten und die Intelligenz der Menschen nehmen sicherlich zu, doch White Eagle macht uns darauf aufmerksam, daß wir durch die Überbetonung der Entwicklung des Luftelements den Kontakt mit den heilenden, ausgleichenden Kräften der übrigen Elemente, Erde, Feuer und Wasser, verlieren. Dieses Ungleichgewicht führt zu Krankheit.

Mein Freund erinnerte sich einmal sehr klar an ein längst vergangenes Leben bei den Indianern. Er war sich der Stärke und Spannkraft seines damaligen Körpers bewußt sowie seiner Fähigkeit, Schmerz zu ertragen, da seine Sinne für das innere Leben der Natur geöffnet waren. Intellektuell gesehen, mag er ein einfacher Mensch gewesen sein, aber er besaß ein tieferes Verständnis, da sich sein Körper stärker für das göttliche Leben und die Vitalität der Natur öffnete. Aufgrund der Entwicklung der physischen Sinne waren seine ätherischen Sinne eingeschwungen, und er vermochte daher zu dem geistigen Aspekt allen Lebens Verbindung aufzunehmen. Die niederen Chakras des Körpers, die mehr Wasser, Feuer und Erde betreffen, waren auf diese Weise mit den höheren Zentren – mit Luft und Äther – im Gleichgewicht.

In den folgenden Passagen hilft uns White Eagle, die Vorteile zu erkennen, die sich aus unserer Beziehung zur Natur ergeben.

Wenn sich euer Bewußtsein erweitert, werden die Blumen zu euch sprechen. Jede Blume birgt eine Schwingung Gottes und besitzt eine Beziehung zu irgendeinem Teil eures Organismus. Die Weisen haben immer darum gewußt. Deshalb verwendeten sie Blumen und Kräuter als Heilmittel; nicht nur ihre materielle Substanz, sondern auch ihre Farbe und planetarische Schwingung. Jeder dieser Aspekte wirkt sich in bestimmter Weise auf die menschlichen Zentren aus. Die Aussage, daß es für jede Krankheit ein Heilkraut gibt, trifft tatsächlich zu. Die kleine Blume stellt das Medium für die Aufnahme einer bestimmten Gottesschwingung dar, ein Mensch aber für das gesamte Universums. In euch ruht jede Schwingung des universalen Lebens.

Im Laufe seiner Heilungsgottesdienste hat White Eagle seine Heiler häufig gebeten, sich in der Natur aufzuhalten und von ihr zu lernen, damit die Engel bei einer Heilbehandlung rascher durch sie zu wirken vermögen. White Eagle spricht oft von dem Meister Jesus, den er den Großen Heiler nennt, das Haupt des Heilungsstrahls. Die folgende Passage ist einer dieser Ansprachen entnommen.

Macht keinen Fehler; göttlich zu werden bedeutet nicht, weniger menschlich zu sein. Jesus war ein sehr menschlicher und glücklicher Mann und ein wunderbarer Gefährte. Wir möchten, daß ihr dieses Bild stets in eurem Gedächtnis bewahrt.

Ein Mann voller Lebensenergie, unermüdlich und niemals ermüdend, der gerne in der Gesellschaft seiner Mitbrüder weilt und das Leben liebt, das ist Jesus. Er taucht in den blauen See und durchschwimmt ihn mühelos. Es freut ihn, mit den Kindern in ihrem herrlichen Frühlingsgarten mit großen Bällen zu spielen, die euren Seifenblasen gleichen, zart, luftig und voller Licht und Farbe. Alles, was er unternimmt, ist von der göttlichen Begeisterung seiner Seele geprägt. Er mischt sich unter die jungen Leute und nimmt teil an ihren Interessen, Übungen und Bestrebungen. Jesus liebt und erlebt jeden Lebensaspekt zur Ehre seines Schöpfers.

Wir möchten, daß auch ihr diese Begeisterung für das Leben besitzt und in allen seinen Formen und Aspekten genießt. Macht euch mit dem Leben der Tiere vertraut, erfreut euch daran und versucht aus dem, was ihr geistig seht, ihre Gefühle herauszulesen. Ihr wißt, daß die Tiere über ihre eigene Sprache verfügen, und es hängt von den Menschen ab, diese zu erlernen. Wir in der geistigen Welt sind in die Sprache der Vögel eingeweiht worden. Die Ätherwelt, das Naturreich, die Salamander, die Elfen und Sylphen, alle haben sie ihre eigene Sprache und Musik. Ihre Sprache wird von jener Seele verstanden, die so beharrlich den Pfad Gottes gewandelt ist, daß es ihr möglich wurde, die Sprache aller Lebensformen ziemlich eindeutig zu verstehen. Dies mag euch recht fremd klin-

gen, doch wir erwähnen es, um euch auf eurem Weg zu ermutigen und zu unterstützen.

KAPITEL 8
EIN BRUDER DER ENGEL
- FRANZ VON ASSISI -

Wenn ich die Lehren von White Eagle lese, fällt mir besonders die Betonung der gegenseitigen Verbindung von der Natur und dem Lebensstrom der Engel auf. Die Engel regieren das Pflanzen- und Tierreich; die Beziehung zwischen Natur und Engeln ist rein und einfach, frei vom Eingreifen, mangelnden Verständnis und Eigensinn der Menschheit.

Neben dem Meister Jesus, den White Eagle im letzten Kapitel so wunderbar beschrieben hat, gibt es noch andere große Seelen, die ihre Verbindung zur Natur gehegt und vertieft haben. Franz von Assisi ist eines der größten Beispiele dafür, wie sich eine solche Beziehung gestalten mag. Der Kontakt zwischen den Vögeln und Engeln, von denen White Eagle spricht, gibt uns eine Vorstellung von der Nähe des Franziskus zu den Engeln, aufgrund derer die Vögel und andere Kreaturen sich ihm gegenüber so zutraulich zeigten.

Einige von euch mögen sich an ein früheres Leben erinnern, das sie mit ihren Brüdern in einem Kloster verbrachten. Wir weisen besonders darauf hin, da wir euch die Inspiration und den Segen des sanften Gemüts des Franz von Assisi nahebringen möchten, eines Bruders, der einem Orden angehörte, der in enger Beziehung zu dem Leben des Himmels und der Engel steht.

Unterschiedliche Lebensströme manifestieren sich in verschieden Formen, doch alle fügen sie sich in das große Evolutionsmuster physischen Lebens ein. Es ist nicht ungewöhnlich, daß wir den Lebensstrom der Engel berühren, wenn wir zu euch sprechen. Denn das ist es, was die Menschheit zum augenblicklichen Zeitpunkt braucht – die Schwingung der Lebenskraft der Engel – um ihr richtiges Gleichgewicht wiederherzustellen. Die Engel arbeiten unablässig daran, die Menschheit zu erheben und sie auf das Kommen des Herrn dieser Erde vorzubereiten.

Franz von Assisi verstand diese erhabene Bruderschaft des Lebens. Er erhob sich über das Menschliche und brachte das Leben auf dieser Engelschwingung zum Ausdruck. Aus diesem Grunde zog er die Vögel an, die ihm gehorchten. Sein Geist redete in der Sprache der Vögel – vergleichbar, auf niederer Ebene, mit der Sprache der Engel.

Franziskus stand in Einklang mit dem Großen Weißen Licht, so daß er seine Bruderschaft mit allen Geschöpfen und mit der ganzen Natur zu fühlen vermochte – mit Mutter Erde, Schwester Wasser, Bruder Luft und Bruder Sonne. Franziskus besaß das volle Bewußtsein der Bruderschaft. Er und seine Helfer versammeln sich, um das Mitgefühl in den Menschenherzen zu entfachen. Jene, die Augen haben zu sehen, werden seine strahlende Gestalt wahrnehmen, umgeben von allen Vögeln des Himmels. Die weiße Friedenstaube flattert aus dem wunderbaren Licht über ihm herab, und diese Vögel sprechen zu euch von der Liebe, von dem erhabenen Weißen Geist. Wir wünschen, daß ihr euch daran erinnert und alles daransetzt, das Leiden der Tiere auf eurem Erdenplaneten zu mildern. Denn wir möchten ausdrücklich betonen, daß die Menschheit so lange leiden wird, bis sie aufhört, die Brüder des Tierreiches, die Mutter Erde selbst und das Menschenreich zu quälen.

Wir sehen, daß es viele Wege gibt, in denen unsere Liebe zur Natur unser Bewußtsein für die Engel fördert. Wir lernen viel, wenn wir schweigend Kontakt zu dem aufnehmen, was uns umgibt, da die Natur die Eigenschaften der Engel veranschaulicht. Mutter Natur zeigt uns den Rhythmus der Jahreszeiten und das Gleichgewicht des Daseins. Sie weist darauf hin, wie wichtig die Perioden der Zurückgezogenheit sind, um Frieden zu erlangen; sie zeigt uns die Notwendigkeit der Annahme – mit den Lebensgegebenheiten dahinzugleiten; sie lehrt uns den weisen Umgang mit Energie und Spiel; die wahre Freiheit, die einem Fehlen der Ichbezogenheit entspringt, und die Stärke, die das völlige Aufgehen in der Gegenwart mit sich bringt.

Unser Kontakt zur natürlichen Welt und das Gleichgewicht und der Friede, die damit einhergehen, mögen dazu führen, daß wir das Animalische in uns besser verstehen, unsere Instinktnatur, und uns lehren, weise mit unseren Leidenschaften und Ängsten umzugehen. Liebe und Mitgefühl für die Tiere und Vögel bilden einen Weg, mit den Engeln in Verbindung zu treten, was Franziskus verdeutlichte.

KAPITEL 9
DIE ENGELHAFTEN EIGENSCHAFTEN DER DEMUT UND EINFACHHEIT

Neben seiner großen Liebe zu allem Leben zeigte Franziskus die Eigenschaften der Einfachheit und Demut; beides Qualitäten, die die Tore zum Kontakt mit der Welt der Engel öffnen. Von ihm können wir lernen, daß wir nicht nur durch die Liebe zu den Tieren und Vögeln, sondern auch durch die Demut und Einfachheit mit den Engeln in Verbindung zu treten vermögen. Die Bereitschaft, sich für den Einfluß der Engel zu öffnen, bedeutet auch, den Willen Gottes anzunehmen, weniger den eigenen, wie Franziskus es vorlebte. Das liegt daran, daß die Engel die karmischen Gegebenheiten, Lektionen und Gelegenheiten bringen, die für die Seele wichtig sind und vor denen wir manchmal zurückschrecken. Das ist verständlich, denn es gibt Erfahrungen, die schmerzlich sind. In den folgenden Passagen zeigt uns White Eagle jedoch, daß wir oft erst durch die „Engel der Finsternis" die „Engel des Lichts" erkennen.

Nur wenn die Seele wahrhaft demütig ist, kann sie aufnahmefähig sein für die Führung, Hilfe und Liebe der unsichtbaren Brüder und Engelboten, die unter der Herrschaft Gottes warten, um zu euch und allen Menschen zu kommen.

Eine der wesentlichen Lektionen, die die Seele zu lernen hat, ist die der Demut. Der weise Mensch erkennt, daß alle Macht, die in sein Dasein strömt, ihren Ursprung in Gott nimmt. Sobald ihr diese Wahrheit zugesteht, beginnt ihr emporzublicken und den ersten Lichtschimmer zu spüren. Ihr erkennt die uralte und ewige Bruderschaft allen Lebens und dann die Bruderschaft eurer eigenen Art; und wenn eine Seele dieses Pulsieren wahrer Bruderschaft erfährt, erhebt sie sich in die Vollkommenheit von Glück, Licht und Freude. Wir kennen keine freudigere Erregung als das Gefühl des Herzschlags eines Bruders oder einer Schwester mit unserem eigenen – in unserem eigenen Herzen.

White Eagle gibt uns an anderer Stelle eine bewegende Beschreibung der Katharer des zwölften und dreizehnten Jahrhunderts, einer Gruppe einfacher Brüder und Schwestern. Er zeigt darin die ungeheure Kraft und innere Schau – die Fähigkeit, in Verbindung mit den Engeln zu leben – die die Eigenschaft der Demut mit sich bringt.

Die Bruderschaft der sogenannten Albigenser [Katharer] war eine Gemeinschaft der Liebenswürdigkeit und Einfachheit. Es waren sehr einfache Brüder und Schwestern. Sie lebten zusammen und dienten allen Geschöpfen. Von jenem, den ihr als den hl. Johannes kennt, empfingen sie das Geheimnis, jene geistigen Sinne zu entfalten, die es ihnen ermöglichten, hellseherisch das Land und das Leben des Geistes wahrzunehmen. Auf diese Weise lebten die Albigenser in der Nähe Gottes, der Natur und allen Engeln. Selbst eingemauert in einer Höhle, hielten sie sich in einem Zustand der Verzückung bei den Händen. In vollem Bewußtsein traten sie in die Welt des Geistes ein und nahmen die Engel wahr, die auf sie warteten, um sie zu empfangen. Und was müßt ihr tun, um euch für eine solche Erfahrung vorzubereiten? Ihr müßt ein einfaches, brüderliches Leben führen, rein und vollkommen, menschlich und engelgleich; einfach nur liebenswerte Seelen sein.

Aus diesen Worten erkennen wir, daß wahre Demut nicht ein Gefühl der Schwäche ist, weniger als der andere zu sein, sondern vielmehr ein starker innerer Glaube und das Vertrauen in Gott, so daß man das äußere Selbst loslassen kann. Mit diesem Vertrauen in die Kraft des Geistes in unserem Leben gibt es keinen Grund zum Kämpfen oder Verteidigen. Wir können sein, was wir sind, einzigartige und einfache Kinder Gottes. Das Vertrauen in die Richtigkeit des göttlichen Plans und die göttlichen Gesetze vermittelt ein Empfinden der Freiheit. Es schenkt die Befreiung von Angst, Besitzgier und unseren hartnäckigen Gedanken, die unsere innere Schau verschleiern.

Dennoch, loszulassen und zu vertrauen, das ist nicht einfach. Unser physisches Dasein als solches bringt ein Gefühl der Trennung von Gott und den Mitmenschen mit sich, was bisweilen dazu führt, daß wir das Leben als eine Lektion des Überlebens betrachten und uns daher an alles klammern, das uns ein Gefühl der Sicherheit schenkt. Doch White Eagle spricht oft davon, daß Furcht und Angst der Erkenntnis unserer wahren Natur im Wege stehen. Er versichert uns, daß unsere Ängste, die unseren Alltag zu bestimmen scheinen, unnötig sind - die Angst, nicht dazu zu gehören, als gering angesehen oder verachtet zu werden, nicht liebenswert oder hübsch zu sein. Statt dessen wird uns bedingungslose Liebe und Sorge zuteil.

Wie können wir dann für die Gegenwart der Engel offen bleiben, einfach sein und aus dem Wissen heraus, daß wir geliebt werden, dem Geist vertrauen? Wie bewahren wir dieses Vertrauen, damit wir wirklich annehmen und unserem Herzen freien Lauf lassen können, um die Gegenwart der Engel deutlicher zu sehen und zu spüren?

Im Vertrauen auf die Gegenwart des Geistes vermögen wir ebenso einfach zu sein wie die Albigenser und so der Kraft gebieten, die sie besaßen, um, nach den Worten von White Eagle, singend in den Tod zu gehen. Dieses Vertrauen kann oft durch spontanes und kreatives Verhalten gefördert werden, wie durch das Spiel eines Kindes. Das gilt vor allem für das Tanzen, Singen, Laufen und Lachen oder das Spielen eines Instruments in ungezwungener Weise. Jede Aktivität von Körper und Geist, die starre Formen aufbricht, fördert das Vertrauen. Eine solche Art der Bewegung kann ein Empfinden der Befreiung auslösen; die darin enthaltene Spontaneität und Strukturlosigkeit bietet zahlreiche Möglichkeiten, die Herrschaft des Verstandes zeitweilig außer Kraft zu setzen, um der Intuition und dem Geist Raum zu geben.

Tanz und Gesang gehören zum Gottesdienst vieler Religionsgemeinschaften. White Eagle hat oft von der Freude Jesu am Tanz erzählt, von seiner spontanen Freude, einer Freude, die ein Kind mit dem Wind am Meeresstrand entlang wirbeln läßt. Unsere Hemmungen zu überwinden, ist ein Weg, das nötige Vertrauen zu entwickeln - das Vertrauen in unseren Körper, in die Einzigartigkeit unserer Kreativität und inneren Ausdruckskraft, also das Vertrauen in den alles aufrechterhaltenden Geist. Die Elfen lieben es zu tanzen; Musik und alles Schöpferische ruft die Engel herbei. Ein Gefühl der Leichtigkeit und Geradheit erfüllt uns, wenn sich unsere Verklemmung und Unbeweglichkeit lösen und der Fähigkeit Raum geben, sich dem Geschehen anzupassen, anstatt es kontrollieren zu wollen.

In der Lehre des Taoismus wird dieses Fließen mit dem Weg – mit dem, was ist – ganz besonders hervorgehoben. In seinem Buch „Tao of Leadership“, einer Bearbeitung des klassischen Urtextes, des Tao Te King von Laotse, gibt John Heidler den Text folgendermaßen wieder:

„Den Vorgang kennend, weiß ich auch, wie wichtig es ist, flexibel zu bleiben. Alles Wachsende ist anpassungsfähig. Alle bleibende Stärke ist flexibel…

Betrachte das Leben von Pflanzen und Bäumen; während der Zeit größten Wachstums sind sie relativ zart und biegsam."

Ungeachtet unseres Alters, unserer körperlichen Verfassung und Fähigkeit sollten wir mit dem Strom des Lebens schwimmen und uns ihm nicht widersetzen. Das bedeutet jedoch nicht, sich hin- und herziehen zu lassen; ein Tänzer oder ein Vogel weiß, daß es des Gleichgewichts bedarf, um fliegen zu können. „In seiner Mitte zu ruhen heißt, auch im Handeln sein Gleichgewicht zu wahren."

Das Leben an sich läßt uns Flexibilität entwickeln, denn in der Natur gibt es nichts Starres und Festgefahrenes. Das physische Leben ist ein Prozeß ständigen Wandels; selbst am Äquator gibt es Anzeichen jahreszeitlicher Wettermuster. Mit der Veränderung zu leben und sie zu bejahen, stellt eine der Herausforderungen menschlichen Daseins dar. Wenn wir loslassen, können wir den göttlichen Geist entdecken, der stets für uns erreichbar ist und unsere Grundlage und unsere Stabilität inmitten eines Lebens voller Veränderungen bildet. Vielleicht fürchten wir, unser Selbstgefühl, sogar unsere Integrität zu verlieren, wenn wir flexibel sind; in Wirklichkeit aber macht es uns stark. Dankbarkeit und Versöhnlichkeit führen uns zu der Frische unseres unverteidigten Selbst zurück. Jemandem unsere Dankbarkeit zu zeigen oder uns zu entschuldigen, wenn wir einen Fehler gemacht haben, lockert unsere Abwehr und verbindet uns wieder mit der Kraft unseres wahren geistigen Selbst.

Was ist es, das wir an einem Tier oder einem kleinen Kind so lieben? Es könnte ihre Reaktion auf ihre Verletzlichkeit oder ihre Offenheit sein. Wenn auch wir - durch unsere Dankbarkeit oder Bereitschaft, einen Fehler einzugestehen und damit unsere Unvollkommenheit zuzugeben - dieselbe Verwundbarkeit zeigen, lassen wir jene um uns in unser Herz blicken. In diesem einzigartigen Ort in uns sind wir in magischer Weise miteinander und mit den Engeln verknüpft.

Ein wesentlicher Teil der Demut, nach der wir suchen, besteht darin, darauf vorbereitet zu sein, unsere Unschuld und Einfachheit, unsere Unterwürfigkeit und unsere Schwäche ohne Schuld- oder Schamgefühl zu erkennen und anzunehmen. Wir mögen uns beschämt fühlen, daß die Welt unsere Unvollkommenheit wahrnimmt und uns vor Spott, Mitleid und Abneigung fürchten. Doch Offenheit wird erleichtert aufgenommen und durchbricht die Zyklen von Mißtrauen. John Heider gibt in seiner Interpretation des Tao Te King weitere aufschlußreiche Einblicke in die menschliche Natur.

„Warum bildet der Ozean den größten Wasserspeicher? Weil er unter allen Flüssen und Strömen liegt und für alle offen ist…

Der weise Führer weiß, daß Nachgiebigkeit Widerstand überwindet und Liebenswürdigkeit starre Abwehr auflöst. Wenn der Führer nicht wie Wasser wäre, würde er brechen. Die Fähigkeit, sanft zu sein, macht den Führer zum Führer….Das ist ein anderes Paradoxon: das Sanfte ist stark.“

Ich glaube, White Eagle und das Tao Te King wollen uns sagen, daß wir uns unserer Verwundbarkeit nicht schämen sollen, da wir dem anderen ein unbezahlbares Geschenk machen, indem wir zeigen, daß wir an eine innere Stärke glauben, die jenseits aller irdischen Abwehr liegt. Sanftmut ist nicht Schwäche. Es ist dieselbe Stärke, die Jesus befähigte, die Dornenkrone sowie Hohn und Spott zu ertragen und die ihm die Kraft gab, die Worte zu sprechen: „Vater, wenn es möglich ist, lasse diesen Kelch an mir vorübergehen; doch nicht mein, sondern dein Wille geschehe“, wodurch er die Majestät und Macht des wiedergeborenen Christuslichtes in die Welt zu entlassen vermochte.

White Eagle bezeichnet die völlige Aufgabe all dessen, an

dem das Selbst hängt, als die Erdeinweihung (die eingehender in dem Buch „Die vier großen Einweihungen" besprochen wird). Wir alle machen diese Erfahrung in geringerem Maße viele Male, und wenn wir uns für sie öffnen, werden wir in solchen Zeiten stets die Engel des Erd-Elements anziehen. Diejenigen, die die Erdeinweihung durchleben, sind oft, wie Franz von Assisi, von einer tiefen Liebe zur Natur beseelt. Was wir als Selbstaufgabe betrachten mögen, seine Herzenseinfalt, ist gerade jene Eigenschaft, die die Tiere anzog. Sie brachte ihn auch mit dem Engelbewußtsein in einer Weise in Berührung, daß er in ihre Welt einzutreten und mit allem Leben auf Erden zu kommunizieren vermochte.

KAPITEL 10
DIE ENGELHAFTEN EIGENSCHAFTEN DER HARMONIE UND SCHÖNHEIT

Die Natur schenkt uns unzählige Einblicke und Erfahrungen in bezug auf die engelhaften Eigenschaften von Harmonie und Schönheit. Die Engel fühlen sich zu allem Schönen hingezogen, da sie selbst schön sind. Ihre Schönheit äußert sich in ihrer vollkommenen Harmonie. Sie leben in einem Zustand der Ausgeglichenheit; nichts erschüttert ihr Sein und Wirken, da alles rein und wahr der göttlichen Absicht entspricht, der sie dienen. White Eagle verbindet Schönheit und Harmonie folgendermaßen:

Vielen von euch ist bekannt, daß wir bisweilen von der Notwendigkeit der Harmonie sprechen. Das kann mißverstanden werden. In Harmonie zu leben bedeutet nicht, die Dinge, die berichtigt werden müssen, zu übersehen. Unter Harmonie verstehen wir, das Selbst so zu schulen, daß alles scheinbar Notwendige in möglichst schöner – nicht unbedingt einfacher – Weise erledigt wird.

Sobald ihr erkennt, was in euch vorgeht, mit offenen Augen lebt, stets Schönheit und nie Zerstörung seht; sobald ihr mit den Augen eures Geistes die Schönheit in der Natur und in allen Elementen wahrnehmt, tretet ihr in Verbindung mit den schöpferischen Sphären. Wenn ihr vielleicht beginnt, dem Drängen eurer Seele nachzugeben und euch der kreativen Kunst widmet, zieht ihr Engel aus jenen Bereichen an, die eure Arbeit überwachen und euch inspirieren und führen.

Die Engel helfen uns, das Schöne selbst in den häßlichsten Situationen zu erkennen. Sie lassen uns sogar dort Schönheit wahrnehmen, wo sie anderen verborgen bleibt. Sobald wir uns eines größeren Plans bewußt sind und diesem vertrauen – einem Plan, der über die flüchtigen und trügerischen Erdenfreuden hinausgeht – nimmt uns die mit den physischen Sinnen aufgenommene Schönheit kaum noch gefangen, da wir eine tiefere Lieblichkeit wahrnehmen. Es ist eine Schönheit, die sich auf die „Rechtmäßigkeit" der göttlichen Gesetze und die Wirkung des Christuslichts in allen Wesen, Dingen und Gegebenheiten gründet. Es verhält sich ähnlich wie mit einem Musikstück, in dem scheinbar heftige Dissonanzen dem Gesamtwerk eine weitaus größere Schönheit schenken als eine Folge „wohlklingender" Laute. Vielleicht hilft dieses Beispiel, die Schwierigkeiten in uns selbst und in unserem Alltag zu betrachten.

Ihr müßt euch darin üben, in allem das Schöne zu entdekken. Seht die Schönheit im Licht des Antlitzes eures Mitmenschen, die Schönheit der Liebe in den Augen eines Kindes, die Schönheit der Liebe und des Lichts in den Augen und in dem Antlitz eines alten Menschen. Haltet immer nach diesem Licht, dieser Schönheit Ausschau. Eine schöne Form ist die Manifestation Gottes und aller göttlichen Eigenschaften. Aber diese Schönheit existiert erst dann wahrhaftig, wenn sie eine Entsprechung im Betrachter findet. In euch ruht die Schönheit und die Kraft, sie zu erblicken und zum Ausdruck zu bringen.

Wenn wir daher Schönheit an Orten, in Menschen oder Ereignissen sehen, die dem materialistisch eingestellten Menschen verborgen bleibt, helfen wir den Engeln, die bereits vorhandene Harmonie zu erhöhen. Schönheit in allem zu sehen, verbindet uns mit den Engeln. Wir alle kennen dieses

Gefühl, das sich beim Anblick von etwas Lieblichem in unserem Herzen rührt. Eine gewisse Heiterkeit erfüllt uns; das ist die Berührung der Engel.

Schönheit ist immer eine Manifestation göttlicher Harmonien für die Menschheit. Wenn ihr über die Felder und Auen wandert, könnt ihr diese Manifestation in jeder Blume erblikken, in jedem Grashalm, in Busch und Baum. Aber auch dann offenbart sich nur ein Teil der Schönheit Gottes, und selbst dafür sind viele Menschen blind. Ihr solltet daher eure Beobachtungsfähigkeit kultivieren. Nur wenn euer Geist still ist, habt ihr die Zeit, die schillernde Lieblichkeit des Taus auf Gras und Blumen zu beobachten, die zarten Farben der Wildblumen und den Sonnenglanz, der durch die Bäume fällt. Mit der Zeit werden sich eure inneren Augen dann für die Herrlichkeit der Naturgeisterwelt öffnen; ihr werdet diese Wesen bei ihrem Wirken beobachten und mit Wasser, Wind und Sonne eins werden.

Wie können wir lernen, das Schöne zu sehen? Wie verhalten wir uns beim Anblick von Disharmonie und Unannehmlichkeiten? Das Geheimnis liegt darin, Schönheit mit Harmonie zu verquicken. White Eagle lehrt uns, Harmonie zu schaffen, indem wir die Dinge in möglichst schöner Weise erledigen. Das gilt auch umgekehrt; wir können überall dort Schönheit schaffen, wo wir Harmonie und Gleichgewicht in unsere Beobachtungen und Erfahrungen bringen.

Wenn wir ein prächtiges Gemälde zu schätzen wissen oder die Schönheit in der Natur betrachten, wird diese oft durch das Nebeneinander von Licht und Dunkelheit, Bewegung und Ruhe sowie den Eindrücken von Klang und Stille geschaffen. Es gibt eine innewohnende Harmonie, die durch den Ausgleich scheinbarer Gegensätze hervorgerufen wird. Wenn wir

Häßlichkeit und Leid wahrnehmen, gibt es nichts Besseres, als diese Disharmonien mit ihrem Gegenteil zu umgeben und auszugleichen – mit Licht und heilenden Gedanken.

Auf diese Weise können wir zu Mitarbeitern Gottes werden, nicht nur durch die Kunst, sondern auch durch unsere Fähigkeit, alles scheinbar Böse mit der Güte unserer Gedanken und Bemühungen auszugleichen. Es mag euch aufgefallen sein, daß häufig Gutes aus anscheinend negativen Ereignissen hervorgeht, was auf ein Gesetz des Universums – ein göttliches Gesetz – zurückzuführen ist, nämlich daß es stets ein Gleichgewicht zwischen Licht und Dunkel geben soll. Zwischen den Engeln der Finsternis und den Engeln des Lichts besteht ein vollkommenes Gleichgewicht. Die Meister und Arbeiter auf den inneren Ebenen sorgen gemeinsam mit den Engeln für das Gleichgewicht auf Erden, damit die Menschheit, außer nur durch Schmerz und Leid zu lernen, auch im Lichte wächst und erblüht.

Wenn wir eine disharmonische, unangenehme Situation in eine schöne, friedliche Gegebenheit verwandeln – entweder durch unser Handeln oder durch unsere lichte Gedankenkraft – dann schließen wir uns jenen Kräften an, die die gesamte Schöpfung erhalten. Wir verbinden uns mit den Engeln der Finsternis und des Lichts, um Harmonie zu schaffen.

Wir arbeiten dann unter dem siebten Strahl, den White Eagle den „Strahl der Schönheit" nennt. Er verbindet ihn mit jenen, die Schönheit, Farbe und Harmonie lieben, was die Engel der Zeremonie anzieht, da die Liebe für das Schöne bestimmte Kräfte in jeder Zeremonie verstärkt. Die Teilnahme an harmonischen Zeremonien und Ritualen vermag daher ebenfalls das Schöne in uns und in unserer Umgebung zu entfalten sowie die Engel näher an uns heranzubringen. Dabei muß es sich nicht unbedingt um große Ereignisse handeln, denn Rituale können auch unseren Alltag begleiten.

Das bewußte, stille Anzünden einer Kerze kann zum Ritual werden. Allen Aktivitäten unseres täglichen Lebens können wir ein Gefühl von Schönheit verleihen, indem wir ihnen in harmonischer Weise gegenübertreten. Eine Zeremonie gewinnt an Kraft und Bedeutung, wenn sie in bestimmter Weise durchgeführt wird. Ruhig und aufmerksam müssen wir mit einem klaren Blick für jede einzelne Bewegung vorgehen. Sie muß richtig und genau sein.

Genauso sollten wir unseren Alltag abwickeln. White Eagle lehrt uns, die Dinge ohne Hast, Schritt um Schritt zu erledigen und ihnen unsere volle Aufmerksamkeit zu widmen. Auch das bringt die Kraft der Zeremonie in unser Leben und gibt uns die Möglichkeit, Schönheit und Harmonie zu schaffen.

White Eagle spricht mehr von unserer inneren Einstellung zum Leben als von unserem äußeren Tun. Äußerlich gesehen, mögen wir dieselbe Arbeit verrichten, während wir innerlich die Eigenschaften von Zeremonie und Ritual unser Handeln und Sprechen beeinflussen lassen. Das bedeutet nicht, daß wir in besonderer und heiliger Weise reden oder uns wie ein Priester bewegen. Eine solche Verhaltensweise im Büro, der Nachbarschaft oder Zuhause wäre an sich schon disharmonisch. Es heißt vielmehr, daß wir einer Situation möglichst richtig und harmonisch gegenübertreten. Die Engel werden uns in unserem Bemühen unterstützen.

Harmonie ist eine Eigenschaft der Engel, die gefördert werden kann, indem wir unser Leben und unsere Energien ausgleichen. Wir fühlen uns nicht in Ordnung, wenn aufgrund von Furcht und Schmerz das Pendel des Selbst in irgendeinem extremen Gedanken oder Gefühl oder einer übermäßigen Reaktion steckenbleibt oder aber wild zwischen ihnen hin und her schwingt. Wir sollten uns dann fragen, ob in unserem Leben ein angemessenes Gleichgewicht zwischen unseren mentalen, physischen und emotionalen Bestrebungen herrscht.

Besteht ein Gleichgewicht zwischen Spiel und Arbeit, Kreativität und Aufnahmefähigkeit? Es mag nicht möglich sein, im Laufe eines Tages oder sogar einer Woche ein solches Gleichgewicht aufrechtzuerhalten, wohl aber im Laufe eines Monats oder eines Jahres. Arbeit und mentale Aktivitäten während der Woche können am Wochenende durch mehr emotionale Tätigkeiten ausgeglichen werden. Einige Menschen, deren Mentalität in dieser Inkarnation stark ausgeprägt ist, mögen auf schöpferischer Ebene einen Ausgleich schaffen. Auf diese Weise balancieren wir die vier Elemente aus und harmonisieren unser ganzes Wesen.

Ich glaube, wir können unseren Sinn für innere Harmonie erhöhen, indem wir extremen Gefühlen oder Gedankengängen unsere Aufmerksamkeit schenken. Festgefahrene Meinungen oder starke Vorlieben oder Abneigungen sind übermäßige Reaktionen auf das Leben. Die Angewohnheit starker negativer Emotionen bildet einen Mißklang auf den inneren Ebenen unseres Seins und in unserer Aura, was Disharmonie hervorruft.

Ich glaube jedoch nicht, daß es nützlich ist, wenn wir uns deswegen verurteilen, da es einige von uns lernen sollen, Ausgleich und Harmonie zu schaffen und das Verlangen nach starken negativen Gefühlen aufzugeben. Es spielt keine Rolle, ob es sich dabei um Angst, Ärger oder Schuldgefühl handelt. Andere mögen die Lektion lernen, ihre starke Neigung zur Kritik und Bigotterie zu transzendieren und zu transformieren. Wenn wir uns ehrlich darum bemühen, Harmonie in unser Leben zu bringen, werden sich uns die Engel nähern.

Wir dürfen nicht vergessen, daß wir uns mit diesen sogenannten negativen Gefühlen und Gedanken auseinandersetzen wollten, da wir aufrichtig danach suchen, Harmonie in unsere Seele zu bringen. Es gibt tatsächlich einen harmonischen Grund für uns, daß sie überhaupt existieren. Von Natur aus sind wir keine Sünder oder Versager, selbst wenn es in unserem ganzen Leben keine Harmonie gibt. White Eagle erinnert uns daran, daß wir nicht wissen können, was unsere Seele wirklich braucht und es uns oft nicht bewußt ist, wie sehr wir Erfolg haben. Meisterschaft zu erreichen, mag viele, viele Leben lang dauern. Der beste Weg, mit unserer unvollkommenen Persönlichkeit zu leben, besteht darin, in Harmonie mit ihr zu sein; gütig, tolerant und verständnisvoll mit uns selbst und unserem scheinbaren Versagen; weise in unseren Gedanken über uns selbst. Wir sollten nicht grob, bestrafend und allzu streng mit uns sein, sondern geduldig und unsere irdischen Begrenzungen annehmend.

Wie schaffen wir Harmonie, wenn wir uns um mentale oder emotionale Kontrolle mühen? Wie können wir inmitten unserer überwältigenden Gefühle Gleichgewicht finden? Ich glaube, die Lehren von White Eagle - und im Grunde genommen alle wahren spirituellen Lehren - sehen den ersten Schritt geistiger Entwicklung in der Erkenntnis, daß wir geliebt werden, bedingungslos und ohne Ende. Selbst im Kampf um mentale und emotionale Beherrschung schenkt dieses Wissen Harmonie. Ein solches Gleichgewicht hindert uns daran, in Verzweiflung zu stürzen oder völlig aufzugeben. Das Vertrauen auf die uns entgegengebrachte, bedingungslose Liebe erlaubt es uns schließlich, frei, fröhlich und ohne Furcht zu sein und befähigt uns, jeder Situation mit echter Liebe zu begegnen.

Stellt euch einen Moment lang vor, der Schleier zwischen euch und der nächsten Welt existiere nicht. Was würdet ihr sehen? Was würdet ihr fühlen und erfahren? Es spielt keine Rolle, wie euer Leben gerade aussieht; denkt nur, ohne dabei die Augen zu schließen, daß sich eurem Blick nichts entgegenstellt und es keinen Schleier zwischen eurer momentanen Bewußtseinsebene und der inneren Welt gibt. Ihr werdet wahrscheinlich sofort die unendliche Liebe bemerken, die euch entgegenströmt. Sie erfüllt euren Geist und eure Gefühle wie ein Herbstregen, der ein ausgedörrtes Flußbett tränkt. Ihr werdet erkennen, daß man um euch weiß und euch vollkommen versteht. Alle eure Ängste und Niederlagen, eure Sehnsüchte und Nöte sind in einer Weise bekannt, daß ihr euch ihrer nicht schämen müßt, sondern euch sicher fühlt. Eure Gefühle von Verlust oder unerwiderten Bedürfnissen werden verstanden. Diese Liebe füllt den Hohlraum, die ausgetrockneten Bereiche im Innern. Sie entschädigt euch für euren Kummer. Sie läßt euch erkennen, daß euch nichts und niemand jemals verloren geht und euch nichts, wonach ihr euch sehnt, versagt bleibt. Diese Liebe schenkt euch ein Gefühl der Jugend, Vitalität und schöpferischen Lebendigkeit, begleitet von einem Empfinden des Trostes und des Friedens. Sie weckt in euch die Sehnsucht nach Hoffnung und Vertrauen sowie den Glauben an Güte, Freundlichkeit und einen höheren Plan. Dieses Vertrauen und dieser Glaube erfüllt die irdische Welt mit Schönheit.

Es ist die Liebe Gottes, des erhabenen Geistes, der die Engel dienen. Wisse, daß du geliebt wirst; strebe danach, dies zu erkennen, es dir vorzustellen, zu denken und zu fühlen, auch wenn es nur für einen Augenblick ist, alles andere wird dann folgen. Dann werdet ihr wissen, was ihr zu tun habt und wie ihr sein sollt; denn Liebe bringt Liebe hervor. Die Liebe in euch ist aufgerufen, sich zu erheben und wie ein Stern zu erstrahlen.

Euer persönlicher geistiger Lehrer und Führer kennt jede Bemühung und jede Schwierigkeit, die ihr zu überwinden habt; und dieser Führer liebt euch mehr, als ihr euch selbst lieben könnt. Er steht euch zur Seite, um euch in jeder möglichen Weise zu helfen. Ihr seid Kameraden, und oft ebnet er euren Pfad. Obwohl das karmische Gesetz gerecht, wahr und ge-

nau wirkt, vergeßt nicht, daß Gott sowohl ein Gott der Gnade als auch der Gerechtigkeit ist und durch die Boten des Lichts alle rauhen Kanten glättet. Die Liebe Gottes segnet und unterstützt euch.

White Eagle, Der geistige Pfad

KAPITEL 11
SCHÖPFERISCHE KRÄFTE AUFNEHMEN

Es ist die Arbeit und Gegenwart der Engel, die wundervolle Schöpfungen hervorbringt, denn wie wir von White Eagle gehört haben, erreichen wir die schöpferischen Sphären durch die Schönheit. „Sobald ihr beginnt, mit den Augen eures Geistes die Schönheit in der Natur und in allen Elementen zu schauen, tretet ihr mit den schöpferischen Ebenen in Verbindung."

Engel sind Boten Gottes, die als Durchlaßgefäße für die schöpferische Energie des Universums wirken, die auf die Erde, in die Herzen und den Verstand der Menschen ausströmt. Wenn wir Schönheit zu schätzen wissen, wo immer wir sie finden mögen, schaffen wir eine Verbindung zu jenen Engelboten und ermöglichen es ihnen, uns noch stärker zu inspirieren. Es mag gewaltig klingen, doch White Eagle hat uns versichert, daß wir aufgrund unserer Anerkennung von Schönheit und Harmonie mit den Engeln zusammenarbeiten, was uns zu Mitschöpfern Gottes macht. Wir helfen den Engeln, den ganzen Planeten zu verschönern und somit zu harmonisieren.

Unsere Kreativität und Vorstellungskraft oder unsere Aufgeschlossenheit für Harmonie zieht die Engel an. Sie sind Boten der Schöpfung und des Wachstums, weshalb sie die Künste ebenso unmittelbar beeinflussen wie unsere Inspirationen, unsere neuen Ideen und Erkenntnisse. Sie wirken auf unser „Werden" und die „Werdung" des gesamten Universums ein. Eine neue Idee, eine neue Farb- oder Formgebung oder eine scheinbar zufällige Schöpfung ist mit Sicherheit in irgendeiner Weise von den Engeln beeinflußt, obgleich es uns oft nicht bewußt wird. White Eagle hat häufig über den Einfluß der Engel der Musik gesprochen.

Die Engel der Musik nähern sich jenen, die sie darum bitten. Wenn ihr es versteht, diese Engelwesen anzurufen, vermögen sie euch mit schöpferischer Kraft zu erfüllen, die es euch ermöglicht, die Musik eurer Seele zum Ausdruck zu bringen. Das Gleiche gilt für die Schriftstellerei, Malerei und jede andere Kunstform. Die von wunderbarer Musik angelockten Engel lassen sich mit Worten nicht beschreiben. Sie nehmen die vom Klang gebildete Substanz, Farbe und Form und weben sie in unbeschreiblich liebliche Gestalten.

Die Schwingungen der sieben Musiknoten bilden sieben Farbstrahlen. Wenn ihr das nächste Mal ein Orchesterkonzert besucht und fühlt, wie die Musikschwingung eure Seele berührt, dann laßt eurer Phantasie freien Lauf und stellt euch die Farben vor, die bestimmte Themen hervorbringen. Kümmert euch nicht darum, wenn ihr Fehler macht. Ihr könnt alle Harmonien anhand der unterschiedlichen Farbabstufungen auslegen. Erinnert euch daran, was wir über die verschiedenen Töne einer jeden Farbe und ihre Deutung gesagt haben; selbst bei der Musik denkt nicht ausschließlich an eine einzige Farbe. Es gibt zwar einen Hauptfarbton, aber auch andere Schattierungen. Die Schwingungen, die Harmonie der Musik, lassen einen bestimmten Aspekt der Seele erklingen, der sich dann wie eine Blume öffnet – dem Sonnenlicht entgegen, dem weißen Licht des Sohnes, des Christus, ausgedrückt durch Harmonie.

Jeder Komponist hat eine bestimmte Arbeit zu verrichten. Seine Musik entstammt den inneren Ebenen und soll bestimmte Wirkungen auf den physischen und die feinstofflichen Körper der Zuhörer ausüben. Auf diese Weise führen verschiedene

Komponisten eine bestimmte Eigenschaft ein, derer die Menschheit zu diesem Zeitpunkt und auch im Verlaufe ihres Evolutionsprozesses bedarf. Der Komponist empfängt diese Schöpfungen von jenen erhabenen Devas und Engeln, die für die Schöpfung oder Neuschöpfung des künstlerischen, musikalischen und spirituellen Lebens der Erdenmenschen verantwortlich sind.

Die folgende Passage aus den Lehren von White Eagle wurde während einer Gottesdienstmeditation gegeben. Wenn wir sie lesen, erweitert sich unser begrenztes Bewußtsein, um etwas von der Harmonie der schöpferischen Sphären geistigen Lebens zu empfangen.

Wir führen euch jetzt in die Welt des Geistes, in den großen Tempel der Musik. Ihr selbst müßt euren inneren Blick öffnen und euren Musiktempel sehen...seht ihn...hört ihn...fühlt ihn....seht die wunderschöne Struktur, die pulsierende Farbe der Säulen und des Baldachins. Bemerkt die schillernden Farben in dem Tempelbau selbst. Seht die Farbe, die den wunderbaren himmlischen Streichinstrumenten und anderen Musikinstrumenten, die euch auf Erden unbekannt sind, entströmt. Lauscht dieser himmlischen Harmonie, die sanft und leise beginnt, alle Aspekte der Natur und die Arbeit der Naturgeister beschreibt, das dahinplätschernde Wasser und die leichte Brise, den Duft der Blumen....hört die Kraft und die Fülle der Trommeln....könnt ihr die Schwingung dieser Musik fühlen? Und dann die sanften, lieblichen Streichinstrumente. Wenn ihr die Blasinstrumente hört, nehmt ihr die Mächte der Luft, die Luft-Devas, die die Atmosphäre reinigen, wahr. Fühlt euch inmitten der Naturkräfte in diesem geistigen Musiktempel. Hier lernen die Musiker die Gesetze und das Wirken des Klangs auf ätherischer und physischer Ebene.

Eure Seelen sind auf das himmlische Orchester eingeschwungen, und ihr könnt das erhabene Aum...Aum vernehmen. Die Schwingung perlt in immer größer werdenden Kreisen hinaus in den Weltenraum. Der Klang nimmt euch gefangen, und ihr seid in seiner Mitte...Fühlt die wohltuende, zarte Liebe, die sich mit diesem süßen, sanften Klang in die Seelen von Männern und Frauen auf Erden ergießt; die himmlische Musik, die die Seele für die Liebe Gottes öffnet. Wenn ihr auf Erden eurer Musik lauscht, erlaubt ihr, in einer Weise auf euch einzuwirken, die wir euch heute abend zu übermitteln versuchen.

Nur wenn wir mit unserem ganzen Sein lauschen, können wir uns wirklich mit den Engeln der Musik verbinden, indem wir uns die Farben vorstellen, die sie begleiten und die Naturkräfte, die sie zum Ausdruck bringen. White Eagle hat uns oft das Geheimnis verraten, unsere Wahrnehmungsfähigkeit jenseits des irdischen Klanges zu erweitern, indem wir den Lauten der Natur lauschen. Die folgende Passage ist seinem Buch „Unser geistiger Bruder spricht" entnommen.

Wollt ihr die geistige Welt hören und die liebevollen Worte eurer Lieben, eures geistigen Führers, eures Lehrers und später eures Meisters aus jenen Bereichen vernehmen? Dann lernt als erstes, den Menschen auf Erden zuzuhören und demjenigen, der zu euch spricht, eure volle Aufmerksamkeit zu schenken. Lauscht auch auf die Laute der Vögel und Tiere, den Gesang des Windes in den Bäumen, die fallenden Regentropfen und den rauschenden Fluß. Von Kindheit an wurden die Indianer dazu erzogen, und deshalb hörten sie nicht nur die irdischen Klänge, sondern auch die Klänge der unsichtbaren Welten. Sie vermochten die Stimmen ihrer geistigen Führer und Lehrer zu unterscheiden und auch die Naturgeister zu vernehmen.

Der Mangel an Selbstvertrauen setzt unseren schöpferischen Möglichkeiten Grenzen. Wir stehen unter dem großen Druck, uns selbst mit anderen zu vergleichen, und wir leugnen unsere Fähigkeit, uns dem kreativen Strom zu öffnen. „Warum ich?" lautet die am häufigsten gestellte Frage, und dann; „Warum nicht ich?" Nelson Mandela äußerte einmal: „Wir sind geboren, um die Herrlichkeit Gottes in uns zum Ausdruck zu bringen; nicht nur einige unter uns, sondern jeder." Wohl nicht jeder kann im Moment ein Beethoven oder Mozart sein, aber jeder besitzt eine Verbindung zu den schöpferischen Ebenen und die Möglichkeit, mit Hingabe, persönlichem Einsatz und oft viel Fleiß Schönheit zu schaffen.

Zuversicht bedeutet, unser Geburtsrecht als Söhne oder Töchter Gottes, als ein geistige Wesen, voll anzuerkennen. Die Erkenntnis, „zunächst Geist" zu sein, wie White Eagle es ausdrückt, hat nichts mit Egoismus zu tun, sondern befähigt uns, loszulassen und uns anderen geistigen Wesen – in dieser und in der jenseitigen Welt – stärker zu öffnen. Dann versuchen wir nicht, alles für uns selbst zu behalten, sondern sind innerlich stark genug, um zu geben und zu teilen. Durch die Fähigkeit zu geben und zu teilen, vermögen wir zu erschaffen. Die Engel nähern sich denjenigen, die bereit sind zu geben! Geben und Erschaffen läßt uns unsererseits erhalten. Auf diese Weise wachsen die Welt und alle Wesen in geistigem Bewußtsein zusammen.

Je mehr wir davon überzeugt sind, daß wir uns für die Engel öffnen können, desto stärker wird unsere Aufnahmefähigkeit für ihre Hilfe. Zuversicht ist eine Frage des Vertrauens – erst der Glaube und dann das Vertrauen, daß die Engel sich uns tatsächlich nähern können. Denn gleichgültig, was das irdische Selbst zu sein scheint, wir sind Gottesfunken. Wenn wir uns von unserem inneren Widerstand und dem Gefühl, nur Mensch zu sein, lösen, haben die Engel größeren Zugang zu unserem Bewußtsein und können uns inspirieren und führen.

Die Aufgeschlossenheit und die Dankbarkeit für die Harmonie und Schönheit, die uns umgibt, ermöglichen es uns, für den schöpferischen Strom offen zu sein. Außerdem treten wir mit den Engeln der Kreativität eher in Verbindung, wenn wir in unserem Herzen den Wunsch hegen, mehr von dieser Schönheit auf Erden zu verwirklichen, um anderen Freude zu bereiten.

White Eagle sagt:

Denkt daran, daß ihr auf den inneren Ebenen stets mit diesen wunderbaren, unsichtbaren Kräften arbeitet und eure Gedanken, eure Rede und eure Gefühle von diesen Kräften benutzt werden. Ihr aber seid der Herr. Es liegt an euch. In euch ruht die Kraft, und ihr habt es in eurer Macht, durch eure Hingabe und Liebe für Gott und Seine himmlischen Diener, die Wunden der Menschheit zu heilen und himmlisches Licht und Verständnis, himmlischen Trost und Frieden in Herz und Verstand der Menschen zu senken.

KAPITEL 12
ZUSAMMENARBEIT MIT DEN ENGELN
- EIN GEBET FÜR DIE MENSCHHEIT -

Einer der Schlüsselaspekte des Dienens, den White Eagle uns gegeben hat, besteht in der Anrufung der Engel Christi durch hingebungsvolles Gebet. Er hat zwar Worte vorgeschlagen, doch das Gebet besteht immer darin, der Menschheit mittels schöpferischer Vorstellung Licht zu senden, insbesondere den leidenden Menschen, dem Tierreich und der Erde selbst.

Jeder kann auf diese Weise dienen. Jeder, der ein Mitglied der Gemeinschaft wird oder sich zu den Lehren von White Eagle hingezogen fühlt, ist eingeladen, sich an dieser täglichen Heilungsarbeit, vor allem um drei, sechs, neun und zwölf Uhr vormittags und nachmittags, zu beteiligen oder aber zu irgendeiner dieser Stunden. White Eagle sagt, daß es uns zu diesen Zeiten leichter fällt, unser Bewußtsein zu den Sphären des Lichts zu erheben. Hinzu kommt, daß, durch das gemeinsame Gebet von Menschen auf der ganzen Welt zur selben Zeit, die Kraft dieser Ausstrahlung zunimmt und ein beständiger Strom liebevoller Heilgedanken ausgesandt wird.

White Eagle sagt:

Vermehrte Kraft wird immer durch eine Gruppe hervorgebracht. Einige glauben, besser alleine arbeiten zu können, da sie den Zustand oder die Schwingungen anderer Leute nicht mögen. Doch wenn ihr, meine Lieben, euch über die Schwäche des menschlichen Selbst, das zum Alleingang neigt, hinwegsetzen und in jene unendliche Liebe emporzusteigen ver-

mögt, dann könnt ihr Teil einer viel größeren Kraft werden, als wenn ihr alleine arbeitet.

Im neuen Zeitalter, dem Zeitalter des Wassermanns, des Geistes, werdet ihr in zunehmendem Maße feststellen, daß die Menschheit in Gruppen zusammenarbeitet, da sich auf diese Weise eine stärkere Kraft bildet. Bei der Fernheilung werden Raum und Zeit überwunden. Ihr erhebt euch in ein höheres Bewußtsein, in das Leben des geistigen Sohnes, des Christus, und aus dieser Quelle heraus arbeitet ihr. Ihr nehmt mit der Christus-Sphäre Verbindung auf, dem Christus-Reich, und in diesem Christus-Kreis wirken die Engel. Der mit Heilkraft pulsierende sechsstrahlige Stern zieht die Engel magnetisch an. Auf Befehl des Herrn der Schöpfung finden sie ihren Weg zum Dienst an den Kranken und Betrübten, der beraubten und leidenden Menschheit, und erleuchten deren Bewußtsein.

Vergleichbar mit einem Ozean, strömt Woge um Woge diese schöpferische Heilkraft aus. Doch das geistige Gesetz wirkt in so wunderbarer Weise, daß die Engel erst durch das willige Herz der Erdenmenschen mit der physischen Lebensebene Verbindung aufnehmen können.

Das im Folgenden wiedergegebene Gebet von White Eagle für die Menschheit wird bei allen Gottesdiensten in den White Eagle Gemeinschaften überall auf der Welt gebetet, und zur Mittagsstunde wird täglich eine Bearbeitung dieses Gebets in allen Hauptzentren verwendet.

Eine kürzere Version desselben Gebets kann man täglich während der ausgewählten Stunden benutzen. Im Laufe des Arbeitstages, entweder im Büro, im Geschäft, in der Fabrik oder Zuhause, kann man sich ganz einfach ohne Worte in die machtvolle Stille des Herzens einschwingen. Wenige Augenblicke lang kann man sich das Licht des sechsstrahligen Sterns vorstellen, der über der Erde erstrahlt und der Menschheit

Frieden und Heilung bringt. Der Gebrauch des „Wir“ im Gebet ist beabsichtigt, da man nicht alleine, sondern in Gemeinschaft mit den Engeln arbeitet.

In der vorangegangenen Passage seiner Lehren bezieht sich White Eagle besonders auf die in der Loge vorgenommene Fernheilung, bei der eine Gruppe von sechs Heilern regelmäßig zusammentrifft, um bestimmten Patienten Licht zu senden. Die Betonung bei der gesamten Heilungsarbeit liegt auf der bewußten Anrufung der Engel der Heilung – „der Boten des Geistes, der Söhne des Feuers“, wie White Eagle sie nennt – um in Einklang mit ihnen und dem göttlichen Gesetz zu arbeiten.

GEBET FÜR DIE MENSCHHEIT

Vor Gott gedenken wir der Nöte der Menschheit; wir werden stille und beten zu Gott.... Wir öffnen unsere Herzen dem Vater-Mutter Gott und Christus, dem Sohn....der heiligen Dreieinigkeit von Weisheit...Liebe...und Macht.

Im heiligen Namen Christi, durch das Christuslicht in allen Menschen, rufen wir die erhabenen Engel Christi an. Wir fühlen ihre Gegenwart und ihre Macht. Wir verbinden uns mit den Gebeten aller Männer und Frauen, die guten Willens sind.

So vorbereitet und bereit vor Gott, senden wir das Licht aus mit dem Willen unseres Geistes und der tiefen Liebe unseres Herzens. Wir senden es als großen Lichtstern aus...als strahlenden Stern....der allem Übel gegenübertritt und es überwindet; über Dunkelheit und Tod triumphierend...ein Stern des Christuslichtes.

Durch die Christuskraft in unseren Herzen senden wir das Licht aus. Amen.

KÜRZERE VERSION

Wir halten die gesamte Menschheit in dem goldenen Licht des Christus-Sterns und sehen die Macht des Gottessohnes in den Menschenherzen wirken…

Wir schauen den strahlenden Stern, die Gestalt des Christus im Zentrum, der seine Schönheit, seinen Geist und seine Liebe über die Erde ausbreitet.

Alle, die um Hilfe oder Heilung gebeten haben, stellen wir in dieses goldene Heilungslicht.

Wenn euch jemand, der Hilfe und Heilung benötigt, bekannt ist, nennt ihn jetzt schweigend beim Namen und seht ihn als vollkommen im Herzen des Sterns.

Möge Gottes Segen auf dieser Arbeit ruhen. Amen.

TEIL ZWEI

KAPITEL 13
EINFÜHRUNG
- DER LEBENSSTROM DER ENGEL -

Bisher haben wir einige Eigenschaften der Engel betrachtet - Seelenqualitäten, die nach den Worten von White Eagle von den Engeln manifestiert werden. Wir können uns bemühen, sie ebenfalls zu entwickeln, um im Einklang mit dem Bewußtsein der Engel zu schwingen. White Eagle hat uns gezeigt, daß unsere Hingebung durch Liebe und Brüderlichkeit angetrieben werden und einem Gefühl der Einheit mit allem Leben entspringen muß.

Ich hoffe, daß die folgenden Kapitel euer eigenes Erwachen für diese Wechselbeziehung beflügeln wird. Vielleicht werdet auch ihr bei der Lektüre dieses wundersame Empfinden der Dazugehörigkeit verspüren, das eine Freundin von mir erlebte. Sie erfuhr, daß ihre eigenen Schwierigkeiten und ihr Leiden zwar bedeutungsvoller, aber gleichzeitig auch weniger bedrückend waren, da sie sich des unendlichen Lebensplans (nicht nur in diesem Zeitalter und Solarsystem, sondern über Zeit und Raum hinweg) und der Rolle, die die Engelhierarchie darin spielt, ein klein wenig bewußter wurde. Die Begrenzungen des physischen Lebens verschwanden einfach, und sie erkannte, daß sie dieses ewige Selbst in sich tragen mußte, wenn bereits die Worte von White Eagle eine solche Erfahrung hervorriefen.

Vielleicht erfaßt auch euch dieses Gefühl der Verbundenheit, oder ihr erhascht einen Blick in die Unendlichkeit und Genauigkeit des göttlichen Universums und unsere Beziehung dazu.

Ich glaube jedoch, daß wir nur wenig von diesem Plan verstehen, denn alles zu begreifen, überstiege das Fassungsvermögen des Menschenverstandes. Aus diesem Grunde habe ich den zweiten Teil des Buches mit einigen Worten von White Eagle über das Wesen der Wahrheit und das Mysterium des Lebens begonnen. In diesem Zusammenhang betont er die Herzensoffenheit und einen flexiblen Geist, da das Geheimnis der Gottesschöpfung, des Gottesplans und der Arbeit der Engel kaum erklärt werden kann.

Auf geistiger Ebene könnt ihr nicht alles auflisten, da ihr dann den universalen Aspekt begrenzt. Versucht, den himmlischen Bereich als ein vollkommenes und harmonisches Wirken des Gesetzes zu verstehen, niemals begrenzend, sondern stets ausdehnend. Wir möchten die Dinge nicht gerne festsetzen, da sich ansonsten ein Gefühl der Einschränkung einschleicht oder die Wahrheit nur in begrenztem Umfang begriffen wird. Bedenkt, daß ihr in die Ewigkeit tretet, sobald ihr in der Welt des Geistes seid.

Wenn sich die kosmische Wahrheit nicht mit Worten wiedergeben läßt, bleibt dem Schüler nur ein Weg: Er lernt, indem er sich aus seinem physischen Bewußtsein heraus in die Himmel erhebt und selbst schaut. Aus diesem Grunde kümmern wir uns nicht um das Tüpflein auf dem i. Wir lieben es nicht, die kosmische Wahrheit zu katalogisieren und einzuordnen. Das ist etwas, worum sich der Intellekt bemüht, aber geistige Wahrheit entzieht sich immer dem Zugriff des Intellekts. Jeder Schüler muß sich über diese Bewußtseinsebenen erheben, um in tiefer Seele jene Wahrheiten zu wissen, die nicht in Worte gekleidet und katalogisiert werden können.

KAPITEL 14
DIE STRAHLEN DER GEISTIGEN SONNE

Dem begrenzten Verstand ist es unmöglich, die unglaubliche Kraft und das Ausmaß des geistigen Plans vollständig zu erfassen. White Eagle vermittelt uns in den folgenden Passagen jedoch eine Vorstellung davon. Man sollte bei der Lektüre der Intuition Raum geben und sich der gegenseitigen Durchdringung und Einheit des Lebens bewußt sein. Nach White Eagles eigenen Worten beabsichtigt er nicht, auf Einzelheiten einzugehen, sondern uns ein Bild von der Größe des Lebens zu geben. Mit einem Zitat aus dem Johannes-Evangelium beginnend, sagt er:

„Am Anfang war das Wort, und das Wort war bei Gott, und das Wort war Gott." Am Anfang war das Licht; alles ist aus dem Licht geworden. Wenn es überhaupt kein Licht auf der Erde gäbe, sondern nur absolute Finsternis, dann gäbe es kein Leben. Das Licht wird manchmal als „Sohn" Gottes bezeichnet. Mit dem Wort Sohn ist die geistige Sonne gemeint, ein geistiges Sonnenlicht, das in der Sonne, hinter ihr und um sie herum existiert. Ebenso, wie die physische Sonne ihre Strahlen auf die Erde sendet, ihr Leben und Licht gibt und Harmonie in der Natur und in den Sphären schafft, schenkt die geistige Sonne der Menschenseele Leben und Licht.

Licht ist eine Kraft, eine Substanz innerhalb der Erde. Es wird aufgenommen, emporgezogen und auf die Erde zurückgespiegelt. Die kosmischen Strahlen aus dem Herzen der geistigen Sonne sind genau genommen nicht Licht, aber sie besitzen die Kraft, Licht hervorzubringen.

Denkt an die erste große Ursache, die ihr euch vielleicht am einfachsten als strahlende, ewig geistige Sonne vorstellt. Seht in dieser Sonne das Dreieck (ein Symbol der Dreieinigkeit in vielen Religionen). Diese Dreiheit, die drei Aspekte von Weisheit, Liebe und Macht, existiert von Anbeginn und beschäftigt sich ausschließlich mit dem Sonnensystem und der Evolution der Erde. Aus diesen drei Formen entsteht alles Leben. Dieser Dreiheit von Weisheit, Liebe und Macht entspringt auch die Linie der dienenden Engel, die sich um die Lebensform in allen drei Reichen kümmert.

Betrachtet die geistige Sonne. Seht die von ihr ausgehenden sieben Strahlen, die sieben Farben des Spektrums; die sieben Noten der Musik – denn jede Musiknote stellt eine Farbe und einen kosmischen Strahl dar – seht die Strahlen aus der Sonne oder dieses „erste Prinzip", das alles Leben und das gesamte Universum durchdringt. Jeder Strahl ist mit der Sonne verbunden, und alle Engel der Strahlen wirken in den Menschenseelen zum Zwecke der Evolution, des Wachstums und der allmählichen Vervollkommnung des Individuums.

Es gibt sieben Strahlen und sieben erhabene Wesenheiten, von denen in der Bibel als den „sieben Engeln vor dem Throne" gesprochen wird. Es sind die Elohim oder die sieben schweigenden Hüter als Haupt ihres jeweiligen Strahls. Diese sieben Strahlen dienen dazu, die Menschheit zu ihrem Aufstieg anzuregen und ihnen beizustehen, zur zentralen Sonne, dem Zentrum des Lebens, zurückzukehren.

Bevor er die Eigenschaften der sieben Strahlen beschreibt, hebt White Eagle hervor, daß es viele Versuche geben werde, diese unendliche und herrliche Ordnung in Worten auszudrükken. Die Unterschiedlichkeit vieler Aussagen hinge mit der Schwierigkeit zusammen, einen solchen gewaltigen Überblick in die Begrenzungen von Sprache und Verständnis der irdischen Welt zu zwängen.

Strahl	White Eagle sagt dazu	Farbe	Note
1. Macht	Der erste Strahl ist der Strahl des Willens. Er ist der Gesetzgeber, der Herrscher.	Rot	Do
2. Liebe	Den zweiten Strahl wollen wir den Strahl der Menschenliebe nennen – einige nennen ihn den altruistischen Strahl. Jene, die in Einklang mit ihm schwingen, arbeiten stets unter dem Einfluß der Liebe. Der erste Strahl war Macht und nun Liebe; Ihr werdet bemerken, daß wir mit dem dritten ein Dreieck bilden.	Orange	Re
3. Weisheit	Der dritte Strahl ist wunderschön. Sollen wir ihn den Strahl der Philosophie, den Strahl des Denkers nennen?	Gelb	Mi
4. Harmonie	Den vierten Strahl wollen wir den Strahl der Harmonie nennen; eine Formgebung höherer Aspekte.	Grün	Fa
5. Weisheit	Der fünfte Strahl ist der Strahl der Wissenschaft. Darunter verstehen wir auch die religiöse Wissenschaft – die Wissenschaft des Gebets. Ein anderer Weisheitsstrahl.	Blau	So
6. Liebe	Der sechste Strahl ist ein anderer Strahl der Liebe, der Strahl wahrer Güte; der Strahl des Mystikers.	Indigo	La
7. Macht	Der siebte Strahl ist der Strahl der Schönheit. Er treibt solche Kräfte an, die durch die Schönheit verstärkt werden und zieht in seinem Einflußbereich jene großen Devas an, die bei Zeremonien zugegen sind. Einige bezeichnen den siebten Strahl daher als den Strahl der Zeremonie. Wir werden ihn jedoch den Strahl der Schönheit nennen, die ein Aspekt Gottes ist.	Violett	Ti

Im Folgenden versucht White Eagle, unsere geringe Kenntnis von den Engeln zu erweitern.

Es ist unmöglich, ihre Strahlkraft zu beschreiben. Der unbegabte Künstler mag die Leinwand mit Farbe beschmieren und nichts von ihrer Schönheit wiedergeben. Könnt ihr den Duft einer Blume beschreiben? Der Duft liegt jenseits von Worten.

Diese Sonnenwesen kümmern sich um die Menschheit. Sie sorgen für das Erwachen des Lichtfunkens in den Herzen und leiten große Zeitalter oder Epochen ein.

Zwischen euch und dem Himmel arbeiten Engel unablässig an jeder Lebensform auf Erden. Sie versorgen sie mit Nahrung, fördern ihre Gesundheit, ihr Wachstum und ihre Entwicklung. Nur wenige wissen um die Erhabenheit und das Ausmaß der himmlischen Heerscharen, in deren Obhut das Leben auf Erden liegt.

Joan Hodgson schreibt in dem Buch PLANETARY HARMONIES: „Die Herrn der sieben Strahlen, die die geistige Sonne aussenden, sind manchmal auch als die Söhne des Feuers bekannt oder die Engel vor dem Throne. Die gesamte Schöpfung entsteht aus diesen sieben Strahlen. Alles Leben des Mineral-, Pflanzen-, Tier und Menschenreiches wird von diesen planetarischen Kräften durchdrungen. Im Mineralreich äußert sich diese Durchdringung als latente Kraft, die der Entfaltung entgegensieht, dem Metall, Stein oder Edelstein aber seine jeweils spezifische Schwingung gibt. Im Pflanzenreich manifestiert sich der belebende Strahl des Planeten in vielfältigerer Weise. Im Tierreich zeigt sich eine Verschmelzung planetarischer Einflüsse, während auf der Menschenebene die Seele ein Miniaturuniversum darstellt, das der Sonnenstrahl unmittelbar mit dem Solaren Logos verbindet (das

WORT). Alle auf diese Seele einwirkenden planetarischen Strahlen vermischen sich miteinander, um die unbeschreibbare Vielfältigkeit der physischen, mentalen und seelischen Merkmale hervorzubringen. Der Geist der Menschheit, der Christus im Innern, muß sein eigenes Universum regieren, damit sich alle Elemente harmonisch zusammenfügen, um den vollkommenen Sonnenmenschen hervorzubringen.

Das ganze Sonnensystem ist so wunderbar regiert, die planetarischen Engel sind so einzigartig organisiert, jeder in seinem eigenen Bereich, daß die winzigste Einzelheit des Lebens im göttlichen, unwandelbaren Gesetz ruht."

White Eagle sagt: Versucht, einen größeren Blickwinkel zu gewinnen und bedenkt, daß es noch andere Systeme, Sonnen oder Universen gibt, doch alle sind sie verbunden mit dem einen großen Ganzen und haben Anteil daran. Er wurde einmal gefragt: „Kannst du uns eine geometrische Figur nennen, die die sieben Strahlen darstellt?" Er erwiderte:

Nehmen wir ein Dreieck an seiner Grundlinie und ein zweites an seiner Spitze und fügen beide Dreiecke ineinander, erstrahlt im Zentrum des entstehenden Sterns der mittlere Strahl, der Strahl der Harmonie. Stellt euch den sechseckigen Stern, die siebte Spitze in seinem Zentrum, vor und seht dort die großen Gemeinschaften, die Hierarchien jener sieben Punkte des magischen Sterns.

Alles Leben ist miteinander verbunden, und der Mensch spiegelt den Makrokosmos wider. White Eagle hat gesagt, daß wir aus Abermillionen von sechsstrahligen Sternen bestehen. Somit sind alle Farben mit ihren entsprechenden Noten und Düften in uns und auf verschiedenen Ebenen, Tönen oder Oktaven vorhanden, dem Grad der Seeleneigenschaft entsprechend, auf der wir in diesem Leben wirken. White Eagle hat uns erklärt, daß wir teilweise von allen Strahlen beeinflußt werden und nicht nur auf einem bestimmten schwingen, bis wir eine gewisse Stufe erreicht haben und fähig sind, uns über die Leidenschaften und Kämpfe des menschlichen Lebens zu erheben. Es läuft schließlich darauf hinaus, ein vollkommenes Gleichgewicht unter allen Strahlen in der Seele (vielleicht nicht in der begrenzten Persönlichkeit einer Inkarnation) herzustellen. White Eagle hat ja den Strahl der Harmonie und des Gleichgewichts in den Mittelpunkt des sechsstrahligen Sterns gelegt.

EINSCHWINGUNG AUF DIE SIEBEN STRAHLEN

Die folgenden Passagen aus den Lehren von White Eagle sollten nicht einfach nur gelesen werden, sondern der Kontemplation über jeden der göttlichen Strahlen dienen. Sie können uns dabei helfen, Wege zu verstehen, die Energien der Strahlen stärker in der menschlichen Persönlichkeit und den Formen der Erde zu verankern. White Eagle hat sich immer darum bemüht, uns zu helfen, das Göttliche im Menschen zu sehen und in der Meditation unser Bewußtsein zu erheben, um die Materie zu vergeistigen, anstatt ihr zu entfliehen. In dieser Weise sind unsere persönlichen Meditationen mehr als nur die Erfahrung unseres eigenen geistigen Wachstums. Jede Verbindung, die wir mit dem Geist aufnehmen, während wir noch in einem physischen Körper weilen, ist von Nutzen für die ganze Welt.

Stellt euch vor, die ganze Welt und alle Menschen befänden sich in einem riesigen Ei, umgeben von einem geistigen Licht, dessen kaum faßbare Schönheit nur schwach sichtbar ist. Jeder Mensch erhält einen Hammer, mit dem er, wenn er will, die Eierschale vor ihm ein wenig anschlagen kann. Wenn jeder dagegen hämmert, entstehen kleine Risse und Löcher, durch die das strahlende Licht in das ganze Ei hineinleuchten kann und nicht nur den einzelnen erreicht, sondern durch seine Arbeit allen zum Vorteil gereicht.

Meditation über den ersten Strahl

Wenn wir uns mit den Engeln, die dem ersten Strahl angehören, dem Strahl des Willens, verbinden wollen, müssen wir beachten, daß wir letztlich mit dem göttlichen Willen Verbindung aufnehmen, obgleich nach den Worten von White Eagle auch der menschliche Wille erforderlich ist, um uns den Mut und die Ausdauer zu geben, voranzuschreiten. Dennoch, wenn wir uns unter den roten Strahl begeben, sollten wir sprechen: „Dein Wille geschehe." Mit dieser inneren Annahme des göttlichen Willens und des göttlichen Lebensplans können wir uns sicher und bescheiden an die Stärke und Entschlußkraft dieser Engel wenden.

Ihr mögt euch während der Meditation im Herzen eines großen Tempels sehen, wo sich eine Flamme ungeheurer Macht vom Boden zum Dach und hinaus in das Sonnenzentrum erstreckt. Wenn ihr inmitten dieser Flamme steht, erfaßt euch eine tiefe Ehrfurcht und Hingabe, denn ihr erahnt die ungeheure Geisteskraft, die alles Leben lenkt. In diesem Augenblick verliert sich der Eigenwille in den läuternden Flammen, und ihr seid erfüllt von „dem Willen, Gottes Willen zu wollen". Darin liegt die wahre Macht und der wirkliche Zweck dieses Strahls auf seiner höchsten Oktave. Wenn ihr diesen Tempel verlaßt, seid ihr ermutigt und gestärkt, und es wird euch erneut bewußt, was es heißt, ein Kind des erhabenen Geistes zu sein, und ihr erkennt die Verantwortung und die Freude, die dies mit sich bringt. Die Engel des ersten Strahls senken die Freude der flammenden geistigen Sonne in euer

Herz. Durch ihr Wirken können Bedrücktheit und Hoffnungslosigkeit schließlich mit der reinen Kraft des Glaubens und der Stärke, die wir durch sie erhalten, besiegt werden.

Meditation über den zweiten Strahl

White Eagle hat gesagt, daß jene, die auf den zweiten Strahl, den Strahl der Menschen- oder Nächstenliebe, reagieren, stets unter dem Einfluß der Liebe wirken. Er sagt: Die Menschen des zweiten Strahls dienen – sie sind stets bereit zu dienen, denn der Geist der Liebe beherrscht sie. Derjenige, der die Verbindung zu den Engeln des orangefarbenen Strahls sucht, wird dann in seinem Innern ähnlich wie der hl. Franziskus sprechen: „Herr, mache mich zum Werkzeug Deines Friedens....Gib, daß ich mehr danach verlange zu trösten, als getröstet zu werden...."

Wenn ihr während der Meditation in die Mitte des Gartens oder den Tempel tretet oder wenn ihr den Meister oder die göttliche Mutter im Herzen der Rose oder der Lotosblume erkennt und in eurem Herzen ihren Segen verspürt, dann sehnt ihr euch nach nichts anderem, als zu geben und zu dienen. Es gibt keinen anderen Weg für euch, denn indem ihr das Herz der göttlichen Liebe berührt, wißt ihr, so wie Buddha es wußte, daß ihr eins seid mit allem und alles Leben in gegenseitiger Abhängigkeit steht. Dein Schmerz ist mein Schmerz; deine Freude ist meine Freude. Die Sehnsucht in eurem Herzen, anderen zu helfen, ruft die Engel herbei, und sie stärken euer Mitgefühl. Eure Intuition nimmt zu, damit ihr versteht und weise gebt. Während eurer Vereinigung mit ihnen, im Herzen der Rose oder Lotosblume, erlebt ihr die Strahlkraft der Liebe, die wie die goldenen Sonnenstrahlen oder der Blumenduft allen entgegenströmt und alle Leiden heilt.

Von den Menschen, die auf den dritten Strahl, den Strahl der Weisheit, reagieren, hat White Eagle folgendes gesagt: Sie sind gerne ihre eigenen Lehrer; sie lieben es, das Leben zu erfahren, knüpfen ihre eigenen Kontakte und sind unabhängig von dem, was ein anderer Lehrer ihnen sagt. Sie sind philosophisch und passen sich den Umständen an; voll entwikkelt, lassen sie sich von den Gegebenheiten nicht überrollen, sondern wissen jede Situation, der sie gegenüberstehen, zu meistern. Sie sind die wahren Philosophen. Der gelbe Strahl muß wunderschön sein.

Dieser Weisheitsaspekt ist lebenswichtig, denn wir selbst müssen lernen. Das heißt, in tiefster Seele glauben und wissen wir und können jeder Kritik und jedem Widerstand gefestigt ins Auge blicken. Es ist der Strahl der Wahrheit und Einzigartigkeit, und wenn jemand mit den Engeln dieses gelben Strahls in Einklang stehen möchte, dann sollte er in seinem Herzen rufen: „Herr, mache mich furchtlos, um dem Pfad der Toleranz zu folgen." Die tiefste Wahrheit und der Prozeß des Lernens führen stets zu vermehrtem Verständnis und größerer Toleranz, wohingegen die begrenzte Beurteilung des Erdenverstandes oft der Ignoranz und Furcht entspringt.

Manchmal wird man während der Meditation zum Tempel der Weisheit geführt. Schwarze und weiße Quadrate mögen das Muster des Fußbodens bilden, ein Symbol des Gleichgewichts zwischen neu Erlerntem und dessen innerer Verarbeitung, mit anderen Worten, Licht und Dunkelheit. Der Schutzengel, der das Karma des Lebens hält, kann den Schleier beiseite ziehen und einen Blick in die Aufzeichnungen des Seelenwachstums im Laufe vieler Leben gewähren (White Eagle nennt sie die Akasha-Chronik), die von den aufzeichnenden Engeln gehütet wird. Im Schutz und in der Wärme dieses Tempels und in der unterstützenden Umarmung des Hüters, darf man erkennen, daß hinter den Handlungen der Erdenmenschen eine verborgene Führung und Eingebung liegt. Man blickt in das Herz der Dinge, die Ursachen für Kummer und Leid, und tiefe Bescheidenheit erfaßt die Seele. Die Engel des gelben Strahls, jene der geistigen Philosophen, vermögen die Seele mit einem Verständnis für andere zu berühren, das sich nicht in Worte kleiden läßt. Die Seele versteht, und sie erfaßt die gegenseitige Verknüpfung aller göttlichen Gesetze. Sie weiß, daß jede Seele in ihrem Leben einen einzigartigen Aspekt des Göttlichen auslebt und jede das Ganze berührt und fördert.

Meditation über den vierten Strahl

Der grüne Strahl der Harmonie liegt im Herzen des Sterns, im Zentrum der Strahlen.

MACHT
LIEBE
WEISHEIT
—— HARMONIE ——
WEISHEIT
LIEBE
MACHT

Die Engel des vierten Strahls helfen uns, höheren Aspekten Form zu verleihen. Mit anderen Worten, sie helfen uns, die göttlichen Aspekte zu gestalten und in die materielle Ebene zu bringen. Grün ist die Farbe von Wachstum und Wiedergeburt, die Farbe des Neubeginns. Wenn wir in einer Zeit des Beginnens mit diesen Engeln in Verbindung treten wollen, sprechen wir: „Möge ich lernen, die Vergangenheit zur Seite zu legen und mich von allem Unnötigen und Unwürdigen zu lösen und mich für ein neues Leben zu öffnen, für ein reines und ausgeglichenes geistiges Ziel."

Wenn wir während der Meditation den Garten betreten oder die Wunder der Natur auf geistiger Ebene erblicken, erfüllt uns ein berauschendes Gefühl von Leben, Vitalität und den unendlichen Möglichkeiten in der Schöpfung und in der Arbeit für das Gute. Die Luft selbst, die wir in solchen geistigen Gefilden einatmen, ist wie Wein, aber rein, frisch und belebend. Das von den grünen Gewächsen ausgehende Licht funkelt vor Schöpferkraft, doch alles bewegt sich in Harmonie. Trotz der wundervollen Urwüchsigkeit des Gartens herrscht Gleichgewicht und Integrität; nichts widerspricht sich oder scheint aus dem Rahmen zu fallen.

In Verbindung mit den Engeln des grünen Strahls wird man sich selbst inmitten aller Lebendigkeit der inneren Stille bewußt. Es ist das Bewußtsein, mit dem göttlichen Plan vollkommen im Einklang zu schwingen. Alles fließt, wie es sollte; alles hat seinen Platz und seine Zeit. Ein solches Gefühl schenkt vollkommenen Frieden. Vielleicht sitzt man ganz einfach unter einem riesigen Baum und beobachtet die Naturgeister, wie sie im Sonnenlicht spielen; oder man liegt im warmen Gras und lauscht dem Gesang der Vögel und dem sanften Wind. Ein wunderbares Empfinden von Zufriedenheit huscht über die Seele, wenn uns die Engel der Harmonie die Gesetzmäßigkeit allen Lebens bewußt machen.

Ein solches Meditationserlebnis, das Gefühl von Zufriedenheit und Frieden, beeinflußt unseren Alltag zutiefst. Mit der Gelassenheit kommt Intelligenz und ein klarer Blick; die Fähigkeit, zu erkennen, was angemessen ist. Die Engel der Harmonie befähigen den irdischen Verstand, die geistige Intuition zu spüren und ihr Gestalt zu geben. Man scheint die liebliche Luft des ewigen Gartens zu bewahren und vermag sie als schöpferische Kraft in alle Lebensumstände der Erde einzubringen, in neues Leben und neue Schöpfungen von Schönheit und Einfallsreichtum.

Bei den nächsten drei Strahlen greifen die großen Prinzipien von Weisheit, Liebe und Macht stärker ineinander. Alle treffen schließlich in einem Strahl in Gott zusammen. Bei unserer Reaktion auf diese Strahlen sollten wir bedenken, daß es keine wahre Weisheit ohne Liebe gibt und beide ihrerseits eine große Macht manifestieren. Liebe und Weisheit benötigen den Willen, um sie zu beleben und zu erhalten.

Meditation über den fünften Strahl

Der fünfte Strahl ist der blaue Strahl, die Farbe der Hingabe. White Eagle hat ihn den Strahl der Wissenschaft genannt, aber auch der hingebungsvollen Macht. Er sagt: „Versucht, eine umfangreiche, universale Vorstellung der Farbe Blau zu gewinnen. Menschen, die auf diesen Strahl ansprechen, lieben es, den Dingen auf den Grund zu gehen und sind der Wahrheit treu." Die Engel des blauen Strahls schenken Kraft, Frieden und Stärke. Und White Eagle fügt hinzu: Jene, deren Andacht und deren Gebete der Wahrheit entspringen, senden blaue Strahlen aus, und ihre Gedankenformen sind von wunderschöner Gestalt. Nun werdet ihr verstehen, warum das Blau so oft in Gebetsgruppen verwendet wird. Bei den Fernheilungsgottesdiensten der Gemeinschaft werden zu Beginn des Rituals die folgenden, von White Eagle inspirierten Worte gesprochen: „Mit Hilfe der Engel setzen wir ein Gesetz der Heilung in Kraft, genau, eindeutig, bestimmt und wissenschaftlich." Diese Worte beschreiben sehr gut ein Element des Wirkens der Engel des blauen Strahls.

Während der Meditation treffen wir vielleicht mit einer Gruppe von Brüdern auf der inneren Ebene zusammen und sitzen im Kreis um das klare, blaue Wasser eines Sees der Heilung. Dieser Bruderkreis bewirkt die Reinheit der Gedanken und der Gefühle, die Klarheit des Geistes und eine tiefe Hingabe an den göttlichen Plan, so daß die Wasser des Sees vollkommen still und klar sind und die Christus-Sonne oder den Christus-Stern rein widerspiegeln. Diese Brüder sind von Engeln umgeben, deren Auren die Säulen des Tempels bilden. Es werden keine Worte gesprochen, und dennoch, eine ungeheure Kraft zugunsten des Guten strahlt in die Welt hinaus.

Meditation über den sechsten Strahl

Der sechste Strahl ist der indigofarbene Strahl der Liebe und echten Mystik. White Eagle bezeichnet als die Grundnote des sechsten Strahls die wahre Güte. Menschen, die auf diesen Strahl ansprechen, wissen immer, daß Gott gut und allmächtig ist; es ist der Strahl religiöser Hingabe.

Ebenso wie die Farbe Indigo licht und gleichzeitig dunkel ist, muß man sich bemühen, alles Unbedeutende, jegliche Absonderung des Selbst aufzugeben und allen Dingen Beachtung schenken, wenn man sich auf die Engel des sechsten Strahls einschwingen will. Viele Menschen haben den Fehler begangen zu glauben, eine tiefe mystische Beziehung könne nur erreicht werden, wenn man der Welt entsagt. Doch den Lehren von White Eagle entnehmen wir, daß der Weg aktiver Mystik darin besteht, dem Leben mit echter Güte zu begegnen, wie es alle großen Meister beweisen. Ihr Dasein zeigt diese unbestreitbare Verbindung zwischen schlichter Freundlichkeit allem gegenüber und der Kraft des Mystikers. White Eagle bezeichnete den Meister Jesus als das Haupt des Indigo-Strahls, was sein Leben sicherlich bewies.

Wenn die Liebe zu Gott und allem Guten der einzige Gedanke, der alleinige Herzenswunsch ist, dann werden in der Meditation die Engel des sechsten Strahls in der tiefen Stille erscheinen. Das Gefühl der Ehrfurcht und Verehrung wird hier verstärkt. Es ist, als habe die Sehnsucht nach Gott einen Zustand der Leere geschaffen – leer vom Selbst, befreit von den Grenzen, Einschränkungen und Einengungen des irdischen Gedankens – und das Herz ist frei, um mit dem Schöpfer auf tieferer Ebene zu verschmelzen. Von einem Ort hoch in den Bergen mag man in die Unendlichkeit des Sternenhimmels blicken oder aber in das tiefblaue Wasser eines von Bäumen umstandenen Waldsees. Ein Gefühl des Staunens und der Einheit verbindet uns stets mit diesen Engeln. Manchmal mag man dann sogar in die Augen der Geliebten blicken.

Worte vermögen diesen Seinszustand nicht wiederzugeben, doch sobald er einmal berührt wurde, ist das Erdenleben transformiert, denn man vermag die mystische Eigenschaft der Liebe hinter allen physischen Erscheinungen und im Herzen aller Menschen wahrzunehmen. Nichts ist mehr langweilig oder gewöhnlich.

Meditation über den siebten Strahl

Obwohl er allgemein als der Strahl der Zeremonie und des Rituals angesehen wird, hat White Eagle ihn den Strahl der Schönheit und wahren Geisteskraft genannt. Es ist der violette Strahl, der das Blau der Hingabe und das Rot des Willens miteinander verschmilzt. Durch den Einfluß der Engel dieses Strahls wird die geistige Kraft herabgerufen, um die Erde zu taufen. White Eagle sagt: „Wenn die Menschen dieses Strahls Schönheit, Musik und Farbe lieben, ziehen sie Engelwesen an, die solche Zeremonien ermöglichen.“

Die unbeschreibliche mystische Verbindung, die wir durch den Willen Gottes und diese Herzensliebe über den indigofarbenen Strahl herstellen können, befähigt uns stärker, der Erde die Christus-Kraft zu bringen. Das ist göttliche Magie. Manchmal mögen wir während der Meditation auf innerer Ebene an einer großen Zeremonie teilnehmen – vielleicht in einem der uralten Steinkreise, die in den inneren Welten die Lichtkraft in den Steinen enthüllen. Die Engel, die an diesen Zeremonien teilnehmen, sind majestätisch und strahlend.

Wenn wir auf die Schönheit der inneren Ebenen reagieren, berühren wir in der Meditation jederzeit die Aura der Engel des siebten Strahls. Es gibt zahlreiche Möglichkeiten, von der Lieblichkeit der inneren Welt bewegt zu werden. Manchmal genügt der Blick in das Herz einer Blume oder aber das stille Beobachten der Naturgeister, die in den dahinrollenden Meereswogen spielen. Schönheit und die Reaktion darauf öffnen das Herz in ungekannter Weise. Zum Ausdruck gebrachte Schönheit intensiviert die Macht, und die großen Devas antworten auf diesen Aspekt Gottes. Man spürt ihre ausgleichende Gegenwart, und im täglichen Leben ermöglicht diese Verbindung dem göttlichen Licht, die Nebel der Erde zu durchdringen und die irdischen Gegebenheiten mit Harmonie zu erfüllen. Wo es Schönheit und Harmonie gibt, ist alles gut, denn alle Strahlen sind im Gleichgewicht. Das Christuslicht manifestiert sich.

KAPITEL 15
DIE IMMERWÄHRENDE SCHÖPFUNG

White Eagle hat uns ein Bild von der immerwährenden Schöpfung der sogenannten Lebensströme gegeben, die aus dem Herzen der geistigen Sonne fließen. Diese verschiedenen Ströme der Lebenskraft existieren jenseits des physischen Lebens auf der ätherischen Ebene und in den höheren Bereichen. Die Lebenskraft ist verantwortlich für das wachsende Gottesbewußtsein und die Evolution der unzähligen Lebensformen auf Erden. Der „Lebensstrom" ist weder das physische Leben noch das Leben der Engel, sondern vielmehr die Grundlage für das Leben. Wenn White Eagle von den einzelnen Entwicklungswegen spricht, meint er damit nicht die physische Evolution der Lebensformen, die die Wissenschaftler erforschen. Es besteht ebenfalls ein Unterschied zwischen den „Lebensströmen" und dem „Leben in der Form", obwohl erstere letzteres anregen und vergeistigen.

White Eagle hat uns ein ausführliches Bild von dem ungeheuren und fast unbegreiflichen Hintergrund des materiellen Lebens gegeben, um uns zu helfen, unsere oft begrenzte Vorstellung vom Leben zu erkennen. So können wir uns eines umfassenderen und magischen Universums bewußt werden – eines ewigen, immer wachsenden kosmischen Lebens. Dann verharren wir vielleicht weniger starr in unserer Denkungsweise und bringen den verschiedenen Manifestationen geistiger Wahrheit mehr Toleranz entgegen. Die Lehren von White Eagle über die Lebensströme fördern auch unser Verständnis für die Verbundenheit der Evolution von Engel, Natur und Mensch auf dieser Ätherebene.

Könnet ihr euch vorstellen, wie die Lebensströme aus der zentralen Sonne hervorwirbeln und zu ihr zurückkehren, eine fortwährende Bewegung, eine kontinuierliche Schwingung? Die geistigen Lebenssamen – von denen ihr einer seid – ergießen sich in diesen Lebenszyklus, vibrierend, pulsierend, sich entwickelnd und langsam aber sicher sich ihrer wahren Natur bewußt werdend, dem Gottesbewußtsein beständig entgegen wachsend.

Wir möchten die gewaltige Lebenskraft hervorheben, die auf die Erde fließt. Hinter jeder Manifestation auf der materiellen Ebene gibt es im Ätherischen und auf den höheren Ebenen (astral, mental und geistig) eine entsprechende Lebensschwingung. Stellt euch diese wunderbare Ausgießung auf die Erde als Ströme der Lebenskraft, der Vitalität, als Wogen des Gotteslebens vor. Das ist der Beginn der Schöpfung. Wenn der Lebensstrom in die niedrigste Schicht der Form hinabsteigt, zum Beispiel in das Mineralreich, wird in der Erde oder im Meer eine neue Lebensfolge angekündigt. Wenn das ätherische Leben diesem abwärts steigenden Evolutionspfad gefolgt ist, kehrt es um und steigt erneut empor, wobei es sich öffnet und verzweigt, bis es seine höchste Ausdrucksform, seine endgültige Manifestation in dem Adepten (dem vollkommenen Mann oder der vollkommenen Frau) oder dem Engel findet. Ein solcher Engel hat die Aufgabe, die sich entwikkelnden Lebensformen auf dem Pfad, den er bereits beschritten hat, helfend zu begleiten. Die höheren Lebensstufen können also in zwei Linien getrennt werden, die der Engel und die der Menschen.

Sollen wir das Leben in zwei Hauptentwicklungslinien teilen? Da ist das Meer, „mit allem, was darin ist", und die Erde, beginnend mit dem Mineralreich. Ihr mögt die Felsenbildung der Erde bewundern und von der Schönheit der darin enthaltenen Edelsteine beeindruckt sein. Doch jeder physischen

Form liegt die ätherische Vorlage zugrunde. Auf der Ätherebene gibt es Lebensformen, nicht Elfen und Naturgeister, sondern ätherische Gebilde, die in der Erdsubstanz leben. Dies sind die niedrigsten Formen ätherischen Lebens.

Als nächstes wollen wir das Pilzwachstum betrachten. Auch hier gibt es die dahinterliegende eigene Ätherform. Wir gehen zu den Insekten über und weiter zu den Reptilien und Vögeln. Wenn die Lebensform eine bestimmte Stufe erreicht hat, geht sie in das Formleben über, das einem anderen Lebensstrom entspringt. Auf der Vogelebene nimmt die Lebensessenz die Gestalt einer Elfe oder eines Naturgeistes an. Auf dieser Stufe streift das Leben die materielle Form ab und nimmt eine astrale oder ätherische Gestalt an. Solche Lebensformen manifestieren sich in ätherischer oder astraler Substanz, nicht aber in physischer Materie. Der Astralkörper ist ein Körper der Gefühle und Emotionen; es ist die Stufe der Gemütsbewegung. Demnach fühlen diese Naturgeister Zu- oder Abneigung und reagieren mit Liebe oder dem Gegenteil.

Der andere Pfad ist der des Wassers. Soll ich ihn euch aufzeichnen? Wir beginnen mit den Lebensformen in den Meerestiefen. Im Ozean gibt es solche unsichtbaren Ätherformen, die im Wasser leben. Zusammenfassend könnte man sie als Wassergeister oder Wasserkobolde bezeichnen. Eine Lebensform hält sich in der Koralle auf, eine Form von Leben, durch die sich kleine Äthergeschöpfe hindurcharbeiten und sie bewohnen. Die nächste Stufe aufwärts führt zu den Fischen und höheren Lebensformen des Meeres. Die höheren Aspekte dieses Wasserlebens manifestieren sich in der ätherischen Form der Wolken. Betrachtet die großartigen Wolkengebilde. Der Wind hat sie hervorgebracht, mögt ihr sagen; das trifft nicht ganz zu – allen diesen Manifestationen liegt die emsige Arbeit und das Spiel der Luftwesen zugrunde.

Wir wollen einen weiteren Lebensstrom betrachten (wir

nennen euch nur einige wenige von den vielen). Nehmen wir das Gras mit seinen Myriaden von Leben. Die nächste Stufe des Grases ist das Korn, aus dem das Brot des Lebens entsteht; die folgende Stufe führt uns zum Leben der Ameisen und Bienen. Aus dem Pflanzenreich der Blumen, Büsche und Bäume geht der Lebensstrom zu den Säugetieren über, zur Tierform. Er nimmt seinen Weg von den niederen Arten zum Haustier; vom Haustier zur niedersten Menschenstufe und von dort zum Adepten.

Mißversteht mich nicht, ein schöner, geliebter Baum kehrt nicht als unangenehmes Tier zurück. Das trifft nicht den Punkt. Stellt euch die Lebensstufen im Sinne von Lebensströmen vor, die beständig hervorquellen und sich immerfort in bestimmte Grade oder Lebensformen gestalten. Der Lebensstrom, der einen wunderschönen Baum hervorgebracht hat, kann in der nächsten Manifestation die Form eines geliebten Tieres – vielleicht eines Hundes – annehmen.

Wenn der Hund eine bestimmte Stufe erreicht hat und stirbt, sollte er durch die Liebe und die Verbindung mit seinem menschlichen Kameraden das aufgenommen haben, was ihn zu dem Punkt erhebt, an dem er, wie ich es ausdrücken möchte, den Gottesfunken empfängt. Dieser ist die Ausgießung des Weisheitsaspekts der Gottheit und gibt dem Wesen das Bewußtsein von Gott, das Wissen von Gut und Böse.

Auf dieser Stufe wechselt der Hund von einem Lebensstrom zum nächsten über und ist fähig, genügend von der göttlichen Intelligenz aufzunehmen, um ein gewisses Maß an freiem Willen zu erhalten. Während er zuvor rein nach Anleitung des Meisterverstandes des Lebensstroms – des Naturgeistes, der diesen Lebensstrom regiert – handelte, besitzt er nun, da er zur Menschenstufe übergegangen ist, die Freiheit, sich für den Willen Gottes oder den Eigenwillen zu entscheiden. (Wir müssen jedoch bedenken, daß die Evolution zunächst den Eigen-

willen erfordert, um das Ego oder das Individuum zu entwikkeln.) Sobald diese Macht der Entscheidung oder Wahl dem individualisierten Geist gegeben wird, beginnt das Karma.

Hinter all diesen physischen Manifestationen gibt es die entsprechenden ätherischen Formen, bis wir die Stufe erreichen, auf der die Astralform geboren wird. Wie bereits erwähnt, finden wir dies auf der Stufe des Vogellebens. Es entstehen die Naturgeister – die Elfen – und dann die Salamander oder Feuergeister und daraufhin die Luftgeister. Danach beginnt die Evolution der Engel. Die unterste Stufe der Engel wacht über viele Sylphen und ihr Wirken, denen sie in ihrer Evolution helfen, so wie die Menschen die Haustiere in ihrer Entwicklung fördern. Durch ihre Arbeit im Dienste des Evolutionsplans empfangen diese jüngeren Engel jene Ausgießung der Weisheit und werden mit individualisiertem Bewußtsein gesegnet. Auch sie werden nicht mehr länger von dem Gruppengeist gelenkt und schreiten als Individuum in das Engelreich voran.

Selten, aber doch gelegentlich, gibt es einen Übergang von der Evolutionslinie der Naturwesen in die der Menschen. Es ist bekannt, daß Engel Menschenform angenommen haben. Es ist ungewöhnlich, doch wenn ein bestimmter Grund vorliegt, kann es geschehen. Auch ein Adept hat die Wahl. Er kann den Entwicklungsweg der Engel betreten und einer der Sonnenengel werden. In den höheren, unsichtbaren Ebenen gibt es erhabene Sonnenwesen, die einen Planeten wie die Erde (und auch andere) in Zeiten der Not besuchen, ihr Licht und ihre Kraft bringen, um den Aufwärtsweg auf dem großen Lebensstrom der Erde helfend zu unterstützen.

Wie lange dauert das alles? Denkt nicht, daß alles Leben, das sich im Mineral, im Meer und in der Pflanze entwickelt, für die Manifestation auf Erden bestimmt ist. Das Leben wird vorausschauend für einen Planeten vorbereitet, der in ferner Zeit liegt, weit jenseits menschlichen Verständnisses, wie auch das heutige Leben von einem Planeten stammt, der unzählige Jahre zurückliegt. Den Höhepunkt des Lebens wird ein Ineinandergehen, eine Zusammenarbeit, eine Vollendung des Schöpfungsplans im solaren Universum bilden. Wir können sogar noch weiter gehen und uns vorstellen, daß nach dieser Lebensrunde die vollkommenen Wesenheiten zu anderen Planeten weiterschreiten und an der Vollendung eines anderen Weltensystems, eines anderen Sonnensystems teilhaben. Die Genesis spricht von sieben Tagen, aber nicht von Tagen mit vierundzwanzig Stunden, sondern von Perioden unzähliger Jahre, wobei jeder „Tag“ dazu dient, einen der sieben Lebensströme zu erschaffen oder zu gestalten.

Der gesamte Prozeß ist so langsam und so wunderbar, daß es unmöglich ist, auf dieser Stufe einen verständlichen Überblick zu gewinnen. Dieses wunderbare, unsichtbare Leben der Ätherebene, das hinter jeder physischen Form liegt, zu schätzen, ist alles, was ihr tun könnt. Wenn ihr den Blick für die Arbeit der Zwerge öffnet und die Liebe und Schönheit Gottes überall manifestiert seht, helft ihr dem gesamten Plan durch die Anerkennung der Elfen und Naturgeister und eure intelligente Zusammenarbeit mit diesen Wesen.

Es gibt viele Lebensströme unter der Herrschaft des Engelreichs; zahllose kleine Völker, kleine Geistwesen, die auf die Menschenfamilie blicken und nach menschlicher Liebe suchen. Die Menschen- oder Christusliebe wurde nur den Menschen als besonderes Geschenk von ihrem Vater-Mutter Gott gegeben, die den Zwergen im Naturreich helfen kann. Selbst den Engeln wird Hilfe durch die Christusliebe zuteil, die sich durch den Charakter und das Leben der Menschen manifestiert.

Doch alle die verschiedenen Aspekte des Lebens gehören

zu dem einen großen Geist, und für die Evolution und den Fortschritt des Menschengeistes ist es erforderlich, diese anderen Reiche mit einzuschließen, denn alle bewegen sie sich als eine einzige große Lebenskette zusammen vorwärts – alle Reiche sind Glieder dieser Kette, und alle sind sie verbunden mit der höchsten Dreieinigkeit des Lebens - Weisheit, Liebe und Macht.

Die Aussagen von White Eagle über die Lebensströme mögen uns, intellektuell gesehen, recht kompliziert und schwierig zu verstehen erscheinen. Doch wie ich bereits erwähnt habe, gibt es eine Bewußtseinsebene, auf der wir einen Augenblick lang die Verbundenheit und Einheit, von der White Eagle spricht, spüren können. Dann scheint sich unser Bewußtsein so erweitert zu haben, daß wir uns nicht mehr mit unserem irdischen Körper identifizieren, sondern uns als Teil des geistigen Lebensstroms der Natur fühlen. Das kann während der Meditation geschehen, manchmal aber auch draußen in der Natur, wenn wir in einem warmen blauen Meer schwimmen, einen Berg besteigen, im flickernden Sonnenlicht unter blühenden Bäumen wandern, einen Delphin oder eine Robbe erblicken oder den Hirsch mitten im Wald beobachten. Das ist die Ebene, auf der wir mit dem Engelreich in Verbindung treten, da wir in den unermeßlichen Bewußtseinsstrom gleiten, der jenseits des täglichen Lebens liegt.

KAPITEL 16
IN HARMONIE MIT DEN PLANETEN

Skeptiker mögen fragen, wie ein Millionen von Kilometern entfernt gelegener Felsbrocken auf die menschliche Persönlichkeit einwirken kann. Der Bericht von White Eagle über die planetarischen Engel macht es uns möglich, die verborgenen astrologischen Energien zu erkennen. Diese Engel tragen unter anderem dazu bei, die Energien der sieben Strahlen weiterzuleiten, um auf den ätherischen Lebensstrom bei der Entwicklung des Gottesbewußtseins einzuwirken.

Die Minerale und Edelsteine sind ebenso wie die Blumen und Pflanzen eine Ansammlung von Schwingungen. Wenn ihr sehen könntet, würdet ihr über dem Heidemoor und selbst in eurem Garten eine herrliche Farbenfülle und ein unsagbares Leben wahrnehmen, pulsierend und vibrierend; ihr könntet das kleine Elfenvolk erblicken, das daran arbeitet, die Harmonie des Lebens in die Natur hineinzuweben, indem es die wunderschönen Farben und den Duft der Blumen hervorbringt. Obwohl ihr den Duft einiger Blumen nicht wahrnehmt, ist er vorhanden, aber ihr mögt nicht auf seine spezielle Schwingung eingestellt sein. Das Gleiche gilt für die Musik. Ihr wäret verblüfft über den Duft und die Musik, die die Atmosphäre der geistigen Welt erfüllen. Jede Blumenfarbe hat ihren eigenen Klang, gemeinsam bringen sie die Harmonie Gottes hervor.

Nicht nur, daß alle diese Reiche in Farbe, Musik und Duft vibrieren, sondern das gesamte Erdenleben wird von den Strahlen der Planeten völlig durchdrungen; auch Teile eures

Körpers schwingen im Einklang mit bestimmten Planeten. Im Verlaufe unserer Evolution bemühen wir uns, diese Lebensschwingungen zu verstehen und vollständiger in unser Sein aufzunehmen. Wenn eine Seele gelernt hat, harmonisch mit allen Lebensformen zu schwingen, dann hat sie die Meisterschaft errungen.

Wir bitten diejenigen unter euch, die sich der Macht der planetarischen Einwirkungen auf die Erde noch nicht bewußt geworden sind, sich darum zu bemühen, ihre Gegenwart, ihren Einfluß und die Segnungen, die jene Engelkräfte über die Menschheit ausgießen, zu erkennen. Die Engelboten von anderen Planeten kommen, um eure höheren Körper zu stärken. Sie arbeiten mit euch und befähigen euch, anderen Menschen starke und klare Lichtstrahlen zu senden. Kein Licht wird verschwendet, da es auf euch zurückstrahlt und eure höheren und feinstofflicheren Körper veranlaßt, rein, stark und empfänglich zu werden und auf euren höheren Lebensebenen zu wirken.

Die Boten oder Engelwesen des Merkur sind zur Zeit sehr aktiv. Ihr Einfluß unterstützt die Erlangung der Selbstverwirklichung. Wenn ihr in eurem Alltag auf diese Wesenheiten reagiert, werdet ihr Vollkommenheit in eurem Handeln und Denken sowie in eurer Einstimmung auf den Kosmos erlangen.

Die Boten von der Venus, die der Menschheit helfen, bringen Harmonie in euer Leben, Harmonie in euren Wesenskern. Diese lieblichen Engel bringen Weisheit, denn sie sind All-Liebe und Schönheit. Selbstverwirklichung, Harmonie und Schönheit – die Weisheit und die Liebe der Engel von Merkur und Venus - besitzen die größte Macht zur Vervollkommnung der Menschheit.

Dann gibt es die schweigenden Chronisten, die Engel des Saturn, die wir die Engel des Lichts nennen. Sie erlauben es keiner Seele voranzuschreiten, bis sie genau die Lektion gelernt hat, die sie lernen muß. Die Engel des Saturn bewegen sich langsam und würdig, doch sie helfen der Menschheit, eine ansehnliche Ernte einzubringen, reich und golden. Die Engel von Saturn und Merkur sind unsagbar herrlich.

Die Engel des Uranus lassen den Trompetenruf erklingen. Sie rauschen durch die von Saturn festgelegten Erstarrungen und brechen sie auf. Dieser Gottesaspekt der Reinigung und Läuterung wird wohl von den jungen Seelen noch nicht verstanden. Wenn gewisse Dinge aus eurem Leben gefegt werden, müßt ihr wissen, daß alles konstruktiv, alles gut ist. Arbeitet harmonisch mit den Gotteskräften und seht in allem Aufbau, Evolution, Wachstum und Schönheit.

Dann ist die Arbeit der Engel des Mars von höchstem Wert, wirkt anregend und bringt vermehrtes Licht, Mut und Energie, die ihr benötigt, um auf dem Pfad voranzuschreiten. Die Engel des Jupiter, die nun engeren Kontakt mit der Erde aufnehmen, kommen mit ihrer Waagschale und bringen Gesetz und Ordnung. Durch ihren Einfluß wird eine wunderbar nutzbringende Kraft von denjenigen aufgenommen, die besonders auf die Schwingungen des Jupiter eingestellt sind.

Wie wir bereits erklärt haben, ist es unmöglich, diese tiefen Wahrheiten angemessen zu vermitteln. Wir selbst haben nur einen flüchtigen Eindruck von der Großartigkeit des Universums gewonnen, nur einen Blick erhascht in die Möglichkeiten, die in uns allen liegen. Aber jedesmal, wenn ihr danach strebt, die hohen Ebenen des himmlischen Lichts zu erreichen, nehmt ihr Verbindung zu den mächtigen Engelkräften auf, denn in jedem von euch ruht die magnetische Anziehungskraft, durch die ihr euch auf die Engelmacht, einen planetarischen Strahl, einschwingt. Diese Strahlen werden in unterschiedlichen Abstufungen erfahren, doch in jedem einzelnen von euch liegt die Kraft, eure eigenen planetarischen Kräfte anzuziehen und in euer Sein aufzunehmen.

In dem Buch PLANETARY HARMONIES von Joan

Hodgson kann man anhand von Morgen- und Abendmeditationen für jeden Wochentag helfende Hinweise finden, um sich auf diese planetarischen Engel einzustimmen. Sie basieren zum Teil auf der Essener Gemeinschaft, stammen aber auch aus ihren eigenen astrologischen Erfahrungen und Meditationen. Jede Meditation bezieht sich auf denjenigen Engel, dessen Schwingungen bei Sonnenaufgang und Sonnenuntergang wahrgenommen werden.

Joan beschreibt auch die Arbeit der planetarischen Engel zur Zeit der Geburt. „Über das Tierkreiszeichen wirken die planetarischen Engel unter dem Gesetz des Karma, um der sich inkarnierenden Seele genau den Zustand von Körper, Geist und Umgebung zu bringen, der verdient wurde und die besten Gelegenheiten für zukünftiges Wachstum bietet.

Im Augenblick der Empfängnis beginnen die planetarischen Engel innerhalb des eigenen Universums der Seele die verschiedenen Körper aufzubauen. Die Schöpfung des Körpers für die eintretende Seele, die Teilung der Zellen und ihre Anordnung unter dem Einfluß der planetarischen Erbauer ist ein Wunder – ein Mysterium, das sich zur Zeit dem menschlichen Verständnis entzieht.

Da die planetarischen Wesenheiten, in deren Obhut der wachsende Embryo steht, an dem Universum der eintretenden Seele teilhaben, werden die karmischen Gegebenheiten dieser Seele in die Körperzellen eingewoben, während diese sich im Leib jener Mutter entwickeln, zu der sich die Seele aufgrund vergangener Erfahrungen hingezogen fühlt. Das Kind wird genau in demjenigen Augenblick geboren, in dem die planetarischen Bedingungen der äußeren Welt auf die der inneren abgestimmt sind. Daher spiegelt das Geburtshoroskop der Seele ihre Vergangenheit, Gegenwart und zukünftigen Möglichkeiten wider." (Näheres dazu in: *Das große White Eagle Astrologiebuch*)

KAPITEL 17
VON ENGELN BEHÜTET UND GEFÜHRT

Die überwältigende Zärtlichkeit und Ehrfurcht, die wir bei der Geburt eines Kindes fühlen mögen (ebenso wie beim Tod eines Menschen), beruht auf der Gegenwart seines Engels. In diesen Augenblicken sind die Engel besonders nahe, da sich die Seele in Begleitung ihres Schutzengels inkarniert. White Eagle sagt:

Wir möchten, daß ihr euch die geistigen Reiche als Sphären des Lebens, als Welten vielfältiger Schönheit vorstellt, die sich von der Erde bis in die höchsten Himmelsbereiche erstrekken. Doch selbst zur höchsten Höhe kann von der Erde aus Verbindung aufgenommen werden. Geistwesen können durch die Ebenen herabsteigen oder über ein eingestimmtes Medium mit einem Mann oder einer Frau auf der Erde Kontakt aufnehmen. Das einfachste Gotteskind ist nicht ohne seinen Schutzengel. Die Chakras eures Ätherkörpers bilden die Brennpunkte, durch die diese Führer und Engelhelfer mit euch in Verbindung treten können.

Zum Zeitpunkt der Geburt eines Menschen und sogar vor der eigentlichen Geburt des Babys, beginnt der Schutzengel seine Arbeit. Sobald eine Seele die Entscheidung trifft, sich zu reinkarnieren, begibt sie sich in die Obhut des Schutzengels. Bei ihrer Annäherung an ihre zukünftigen Eltern wird der Weg geistig vorbereitet. Der Schutzengel kümmert sich um die Gestaltung des physischen Körpers. Nicht nur er wohnt der menschlichen Geburt bei, sondern auch ein Bote der göttlichen Mutter. Der Schutzengel begleitet die Seele während ihres ganzen Lebens, und wenn diese in die Geisteswelt hinübergeht, wird sie von ihm dort empfangen.

Der Schutzengel wirkt unter der Führung der Herrn des Karma, da die in seiner Obhut stehende Seele zurückkehrt, um karmische Schulden abzutragen und dabei bestimmte Lektionen zu lernen. Die Aufgabe des Schutzengels besteht darin, zu inspirieren, zu führen und zu helfen, aber niemals, um die Seele zu zwingen. Die Willensfreiheit des Menschen wird stets respektiert. Die Seele muß wählen, doch gleichzeitig wird euch jener helfende Einfluß zuteil. Wenn ihr in die physische Inkarnation tretet, werdet ihr von zwei Wesenheiten begleitet, dem Führer und dem Engel. Laßt es euch zur Angewohnheit werden, diesen beiden, die euch stets zur Seite stehen, euer Vertrauen zu schenken. Seid euch ihrer auf eurer Wanderung voll bewußt und vertraut ihnen, denn sie sind Gottesboten.

Der Schutzengel ist ebenfalls mit dem Karma der Person befaßt. White Eagle sagt dazu:

Bis zu dem Grade, in dem die Seele auf die himmlischen Einwirkungen reagiert und damit auf ihrem Pfad vorangeschritten ist, wird sie auch von menschlichen Problemen bedrängt. Ihr könnt auf diese Schwierigkeiten – meistens innerhalb menschlicher Beziehungen – antworten, indem ihr euch entweder von dem höheren geistigen Impuls leiten laßt oder aber von den Instinkten des niederen Selbst. Der Schutzengel hilft der Seele, wenn diese um seine Hilfe bittet, indem er sie führt und stärkt. Engel sind die Boten Gottes, die gesandt werden, um einer Person mittels geistiger Erfahrungen zu helfen. Jedesmal, wenn ihr auf einen höheren, guten und geistigen Impuls reagiert, hilft euch euer Schutzengel.

Eine persönliche Geschichte mag dies verdeutlichen. Ich

versuchte, mit einer schwierigen Situation fertig zu werden, aber meine eigenen negativen Gefühle standen mir im Wege. Ich bat daher immer wieder um Hilfe, diese negativen Gefühle loszuwerden, zunächst in unbestimmter Weise, dann aber mit der bewußten Anrufung von White Eagle und meinem Führer. Nach einer Weile erkannte ich jedoch, daß es unser Schutzengel ist, der uns in solchen Situationen hilft. Ich spürte, wie mein Schutzengel zu mir herantrat - vollkommen still, gelassen und in reiner Liebe – als ich diese nutzlosen Gefühle loslassen und wieder mit der Liebe in Berührung treten konnte.

Aufgrund der Ausübung der Meditationsmethode von White Eagle wurde ich mir der Gegenwart der Engel in bestimmter Weise bewußt (obwohl es bisweilen viel allgemeiner sein konnte). Die Empfindung meines physischen Körpers konzentrierte sich im Bereich meines Kehlkopf-Chakras. Das mag daran liegen, daß dieses Chakra, aus karmischer Sicht gesehen, auf die Ätherebene, die die Engel erreichen können, reagiert. Ein Gefühl tiefen Friedens breitete sich von diesem Zentrum aus, und gleichzeitig schien mich die Farbe des Engels – hauptsächlich ein tiefes Indigoblau – zu umhüllen.

Ich erkannte, daß der Schutzengel uns mit unserem Karma und unseren Möglichkeiten im Leben in Verbindung bringt und uns hilft, damit umzugehen. Er verfügt auch über die Mittel, uns beizustehen, dieses Karma aufzulösen, wenn wir es wirklich wollen und tatsächlich bereit sind, anzunehmen und loszulassen.

Wenn wir mit irgendwelchen negativen Gefühlen kämpfen – mit Unwille, Schmerz, Müdigkeit, geistiger Unruhe, mit allem, was den Fluß der Liebe, die Verbindung zur Liebe behindert – und wir uns wirklich danach sehnen, sie loszuwerden, es uns aber schwerfällt, dann wird uns unser Schutzengel helfen. Vielleicht erlaubt es unsere wahre Hingabe dem

Engel (beachtet die Willensfreiheit des Menschen), unsere Aura mit seiner Farbe zu überfluten, was uns mit unserem wahren, liebe- und friedvollen Selbst und unserem wahren Seelenzweck wieder verbinden kann. In „*Naturgeister und Engel*“ hat White Eagle folgendes über den Schutzengel gesagt:

Euer Schutzengel verläßt euch niemals. Vom Augenblick eures Eintritts in das vergängliche Leben bis zu dem Zeitpunkt, da ihr es wieder verlaßt und sogar danach, bleibt euer Schutzengel mit euch in Berührung. Er kümmert sich um euer Karma und führt euer Leben unter der Leitung der Herrn des Karma. Der Engel ist unpersönlich in dem Sinne, daß seine Arbeit darin besteht, darauf zu achten, daß ihr Gelegenheiten entgegengeführt werdet, durch die ihr Karma begleichen könnt oder gutes Karma erarbeitet, um es dem Haben auf eurem Konto hinzuzufügen. Daher ist jede Erfahrung eine Gelegenheit...Aber wenn ihr fallt und alles chaotisch ist, denkt an den Helfer an eurer Seite. Euer Schutzengel hat euch fallen gesehen, aber er wird euch nicht verurteilen. Er spricht nicht: „Ich habe es dir doch gesagt.“ Statt dessen vernehmt ihr ein Raunen in eurem Herzen: „Mut...ich werde dir helfen, wieder aufzustehen. Schaue empor, blicke hinaus! Gott weilt immer noch im Himmel, und alles ist in Ordnung.“

Bei einer anderen Gelegenheit beschrieb White Eagle, wie der Schutzengel eine Seele auf den inneren Ebenen belehren kann:

In der Astralwelt wird die Seele ihren Schutzengel manchmal in Dunkelheit verschleiert vorfinden. Der Sinn dieser Tarnung liegt darin, daß jede Seele vollkommenes Gottvertrauen erlangen und wissen muß, daß, gleichgültig was oder wen sie trifft, Gott stets gegenwärtig ist und ihr deshalb kein Übel widerfahren kann. Wenn die Seele fest im Gottvertrauen verankert ist, wird aus dieser Tarnung ein wunderbarer Lichtengel hervortreten. Tief in unserer Seele sollten wir alle wissen, daß hinter jedem dunklen Geschehen, hinter jeder Schwierigkeit ein verborgener Segen liegt. Ihr alle müßt diese Zuversicht und diesen Glauben an Gott und an die göttliche Magie entwickeln, damit im richtigen Augenblick – in der vom Herrn ausgewählten Stunde – dieses Wunder geschieht, die dunklen Schleier abfallen und der strahlende Engel hervortritt – die Herrlichkeit göttlichen Lebens.

Abschließend möchte ich ein Ereignis im Leben eines Mitglieds der Gemeinschaft in der Schweiz beschreiben. Die bewegende Geschichte dieses Mannes scheint das widerzuspiegeln, was über die Schutzengel gesagt worden ist.

Es handelt sich um einen Unfall, den er als junger Mann erlitt und der den Rest seines Lebens beeinflußte. Damals arbeitete er als Techniker in einem Chemielabor in London, als er eines Tages alleine ins Labor ging, um irgendeine Arbeit zu überprüfen. Im Augenblick, da er durch die Tür schritt, sah er unverkennbar die Gestalt eines Engels. Näher hinschauend, bemerkte er, wie der Engel unendlich zärtlich und mitfühlend sein Gesicht mit beiden Händen bedeckte. Einige Minuten später, als der Mann die Apparatur untersuchte, explodierten die Chemikalien in sein Gesicht und ließen ihn für immer erblinden. An dieser Stelle soll nicht auf den Rest seines Lebens eingegangen werden, doch mit Hilfe seiner Frau setzte er seinen Werk fort und leistete die wunderbarste spirituelle Arbeit, die, ohne zu übertreiben, das Leben von Tausenden berührte; was sicher nicht geschehen wäre, hätte er sein Augenlicht behalten. Aus dieser Geschichte können wir entnehmen, daß der Engel ihn nicht in einer Weise warnte, die den Unfall verhindert hätte, da dieses schmerzliche Erlebnis vielleicht zu seiner Lebensaufgabe gehörte. Doch der Engel, von dem wir annehmen können, daß es sich um seinen Schutzengel handelte, machte sich eindeutig und liebevoll bemerkbar, um ihm zu zeigen, daß er zugegen war, was immer auch geschehen sollte. Er ließ ihn wissen, daß er seine Seele durch diesen Wendepunkt in seinem Leben tragen würde.

KAPITEL 18
DIE ENGEL DES AUSGLEICHS

Die im letzten Kapitel wiedergegebene Geschichte bestätigt die Liebe, die uns hält und die Genauigkeit und Richtigkeit des Lebensplanes jedes einzelnen Menschen. Wesentlich war in erster Linie die Reaktion des Mannes auf seine Erblindung – sie vertiefte und stärkte seine eigene geistige Verbindung und sein Verlangen, anderen zu dienen und zu helfen. Was ausschließlich als Dunkelheit und Katastrophe hätte angesehen werden können, wurde aufgrund seiner Reaktion und der seiner Frau zum Leuchtfeuer für andere.

Das führt uns zum Thema dieses Kapitels. Die Worte von White Eagle wurden einer Ansprache über das Thema von Gut und Böse entnommen, was er als das „karmische Gesetz" bezeichnet. Das Buch „Naturgeister und Engel" widmet den Lehren von White Eagle über die Engel der Dunkelheit und die Engel des Lichts ein vollständiges Kapitel. Wir werden an die Bedeutung dieses Themas erinnert, wenn wir bedenken, wie unmittelbar die Engel – insbesondere die Schutz- und Heilengel – unter der Führung der Herrn des Karma arbeiten und der Seele diejenigen Umstände bringen, die die besten Möglichkeiten zu lernen und zu dienen bieten (manchmal, wie in dem folgenden Zitat, verkleidet als das Böse).

Viele Menschen fürchten das Böse, deshalb wollen sie es angreifen. Doch das Böse kann nur durch das Gute überwunden werden. Das Böse ist eine Form des unentwickelten, undisziplinierten Guten. Die beiden großen Gegensätze, das sogenannte Böse und Gute, gleichen riesigen Rädern, die zum

Zwecke geistiger Evolution miteinander arbeiten, um äußerste Schönheit und Vollkommenheit hervorzubringen. Was die Welt das Böse nennt, ist in Wirklichkeit eine große Kraft, die die Menschheit schult, die göttliche Wahrheit zu erkennen, daß Gott Liebe ist. Das sogenannte Übel sorgt für Druck oder wird zum Prüfstein für die Seele, damit der Mensch den Pfad nicht aus den Augen verliert.

Das Böse wird mit dem Engel verknüpft, der mit dem Schwert an den Pforten des Gartens Eden, des Paradieses oder des Nirvana, steht. Der Engel umschreibt mit seinem Lichtschwert einen Ring, und nur diejenigen, die versucht und geprüft und zu reinem Gold geworden sind, können passieren. Die großen Engel der Dunkelheit, wie Luzifer (was Licht bedeutet), holen schließlich das Edelste aus dem Wesen der Seele heraus.

An anderer Stelle weist uns White Eagle an, wie wir mit diesen gegensätzlichen, doch notwendigen Kräften umgehen sollen. Er sagt:

Viele Menschen beschäftigen sich zuviel mit dem sogenannten Bösen und der Dunkelheit, so daß derartige Gedanken zur Zwangsvorstellung werden. Solche Leute bekämpfen unaufhörlich die Kräfte des Bösen und der Dunkelheit. Doch man muß die beiden Aspekte gut und böse sachlich betrachten und in ihnen entgegengesetzte Kräfte sehen, die durch ihre Gegensätzlichkeit dazu beitragen, die Welt aufrechtzuerhalten. Wir können sie mit der Zentripetal- und der Zentrifugalkraft vergleichen, wobei die eine nach außen und die andere nach innen strebt. Das Böse scheint die nach innen treibende Kraft zu sein, die Selbstsucht. Starke menschliche Selbstsucht scheint alles auf sich zu ziehen, während die Selbstlosigkeit oder Liebe Licht ausstrahlt und neu erschafft. Ihr besitzt die Willensfreiheit, dieses Thema anzugehen, wenn ihr dazu aufgerufen seid. Wir selbst jedoch möchten uns auf die Engel des Lichts, der Güte und der Liebe anstatt auf das Böse konzentrieren.

Wir möchten allerdings hinzufügen, daß sich das Böse nur schwer definieren läßt. Oft ist es eine geographische Frage; was in einem christlichen Land als übel betrachtet werden mag, bleibt woanders ungestraft. Die sogenannten primitiven Völker haben einen anderen Verhaltenskodex. Was sie für richtig halten, mag anderen als wirklich Böse erscheinen. Hinzu kommt, daß viele gesellschaftliche Praktiken, die jahrhundertelang in eurem Land durchaus akzeptiert worden sind, für die erleuchtete und erwachte Seele dieses Zeitalters als verwerflich gilt. Es ist also notwendig, das Ganze weise und weitsichtig zu betrachten.

Jeder Mensch ist ein Individuum; jeder durchlebt seine eigenen Erfahrungen; jede Seele reagiert auf solche Erfahrungen in ihrer eigenen Weise. Ihr seid nicht alle aus demselben Holz geschnitzt. Deshalb kann niemand eine andere Seele beurteilen. Auch uns ist es unmöglich zu urteilen. Wir urteilen nicht. Wir wagen es nicht, irgendeine lebendige Seele zu beurteilen. Wir wissen, daß es bestimmte geistige Gesetze gibt, und wir wissen, was Gehorsam oder Ungehorsam diesen kosmischen Gesetzen gegenüber mit sich bringt, aber wir können eine andere Person nicht dafür kritisieren, ihren eigenen individuellen Weg zum Himmel zu nehmen.

KAPITEL 19
GEBURT UND TOD
DIE ENGEL DER GÖTTLICHEN MUTTER

Obwohl ich dieses Kapitel den Lehren von White Eagle über die göttliche Mutter gewidmet habe, dürfen wir nicht vergessen, daß ihr Einfluß überall im Wirken der Engel bemerkbar ist. Nach den Aussagen von White Eagle sind die Engel mit allen Schöpfungsformen verbunden. Sie erschaffen, indem sie sich der Seeleneigenschaften bedienen, und weil sie erschaffen, wirken sie alle innerhalb der Aura der göttlichen Mutter – der höchsten Schöpferin der Lebensformen.

White Eagle beschreibt die Natur der Arbeit dieser erhabenen Wesenheit, in der wir den zweiten Strahl der Dreieinigkeit sehen. Er sagt:

Wenn wir von der Gegenwart des erhabenen Muttergeistes sprechen, mögt ihr euch wundern, was wir damit meinen. Diese vollkommene Menschengestalt, mit den Füßen auf dem Boden und aufrechtem Körper, den Blick gen Himmel gerichtet und die Arme in der Form des Kreuzes ausgestreckt, um allem Leben zu dienen, ist eine höchst machtvolle Gestalt. Denn wenn eine Wesenheit diese Haltung einnimmt, strahlt eine ungeheure Kraft in den Äther hinaus und in die Seele der Welt hinein. Ein geistiger Impuls wird ausgesandt und durch die Kraft des guten Gedankens oder des Gottesgedankens von der erhabenen Mutter des Lebens – der göttlichen Mutter – geformt. Dieser große Geist ist Teil des himmlischen Vaters und eine starke geistige Kraft. Sie zieht Substanz an, so daß durch ihre Gedankenkraft und die Schöpferengel in der Seelen-

welt die Form gestaltet wird. Diese Form verbleibt so lange in jenen höheren Gefilden, bis sie ihre Aufgabe erfüllt hat.

Wir werden uns der Gegenwart der göttlichen Mutter und ihrer Macht ganz besonders bewußt, wenn wir über die Natur mit ihrem Entstehen und Vergehen der Lebensformen, der Farben, des Dufts und der Harmonie, die sie und ihre Engel ins Leben rufen, nachsinnen.

Sowohl am Anfang als auch am Ende aller Schöpfung sind die göttliche Mutter und ihre Engel anwesend. Das trifft natürlich vor allem bei der Geburt eines Kindes zu. White Eagle sagt: „Nicht ein einziges Kind wird geboren, ohne die Anwesenheit der göttlichen Mutter und ihrer Engelscharen im Augenblick der Geburt." Aber auch wenn jemand in die lichten Welten hinübergeht (ebenfalls eine Geburt – eine Wiedergeburt – in die Welt des Geistes), sind sie zugegen. White Eagle spricht von den Engeln der Geburt und des Todes, die unter der Führung des weiblichen Aspekts der Gottheit, der göttlichen Mutter, stehen. Ausführlicheres dazu findet sich in "Naturgeister und Engel". In der folgenden Passage spricht White Eagle über den Zauber, den diese Engel weben und über den Engel des Todes, der nicht das Schreckgespenst ist, für den wir ihn oft halten.

Einige von euch können beruhigt sagen, daß alle Todesfurcht gewichen ist und ihr tatsächlich durch den sehr dünnen Schleier voller Vertrauen und in freudiger Erwartung in dieses größere, geistige Leben zu blicken vermögt. Anstatt zu trauern, könnt ihr euch freuen, wenn einer unter euch von den Engeln der erhabenen Mutter aufgesucht wurde. Stellt euch die göttliche Mutter vor, die zu dem vorherbestimmten Zeitpunkt kommt, und ihre Engel, die den Bolzen, der die Tür zwischen dieser und der nächsten Welt verriegelt, zur Seite schiebt. Wir möchten, daß ihr euch an die Freude erinnert, die euren Geliebten erfüllt, wenn er durch das weit geöffnete Tor in den sonnendurchfluteten Garten mit seinen duftenden Blumen schreitet.

Wann immer eine Seele ihren Körper verläßt, begleitet sie der Engel des Todes, und jüngere Engel tragen sie sanft hinauf in die Sphären des Lichts. Die zurückgebliebene Hülle ist nicht euer Geliebter, denn der ist auf Engelsschwingen emporgestiegen in eine Welt der Schönheit.

Ich bat meinen Mann Jeremy, einen Sterbevorgang, bei dem er zugegen gewesen war, zu beschreiben, und zwar den von Minesta, dem Medium von White Eagle. Er schreibt:

„Zum ersten Mal erlebte ich den Tod eines mir nahestehenden Menschen, meiner Großmutter, in meinen Zwanzigern. Während der vorangegangenen Monate hatte ich mich sehr um sie gekümmert und war in den letzten drei Tagen vor ihrem Tod meistens bei ihr. Wir hatten sie Zuhause in ihrem Schlafzimmer gepflegt und waren recht vertraut mit den kleinen Routinearbeiten. Wie viele von euch wissen mögen, baut sich in solchen Fällen langsam eine geschäftige, fast krankenhausartige Atmosphäre auf.

Obwohl es keine äußeren Anzeichen gab, wußten wir einige Tage vor dem eigentlichen Geschehen, daß sie sich dem Tode näherte, da sich die Atmosphäre und die Energie im Zimmer irgendwie verändert hatte. Anstelle der äußerlichen Helligkeit bemerkten wir eine zunehmende Stille. Es schien eine Art Energie hinter den alltäglichen Geschäftigkeiten zu liegen. Wenn wir in ihr Zimmer traten, fühlten wir, daß etwas nicht Trauriges, aber sehr Ernstes und Gefaßtes vor sich ging.

Es schienen Engel anwesend zu sein, die ruhig und emotionslos den Weg für den Übergang ihrer Seele vorbereiteten. In den letzten Stunden ihres Lebens kam es mir vor, als ob ihr ganzes Sein in eine Lichtkugel direkt in ihr Herz hineingezogen wurde, eine kindliche Bereitschaft zur Abreise. Während der ganzen Zeit war die Gegenwart der höheren Wesen zu spüren, so sanft, so still – in ihrer eigenen Weise so machtvoll.

Im Augenblick ihres Hinübergehens war ihr Gesicht dasselbe, doch irgendwie nur eine leere Hülle. Meine eigene Reaktion damals war nicht Trauer. Ich war völlig ruhig und tief geehrt, an diesem heiligen und gleichzeitig so menschlichen Vorgang teilgenommen zu haben. Die Gefühle stellten sich später ein. Aber wenn ich jetzt zurückblicke, erinnere ich mich am stärksten an das Empfinden, von dieser wunderbaren, stillen, ernsthaften Aufgabe der Engel berührt worden zu sein, eine Seele aus dem physischen Leben in die Welt des Lichts zu tragen."

KAPITEL 20
ERDE, LUFT, FEUER UND WASSER

White Eagle erwähnt oft die Engel der Elemente, wenn er zu Heilern oder allen jenen spricht, die heilerisch tätig sind (Dunkelheit in Licht verwandeln). Dabei spielt es keine Rolle, ob ein Individuum, die Menschheit, unsere Tiergeschwister oder die Erde selbst dessen bedarf. Er sagt:

Jeder Mensch trägt in sich die vier Elemente, Erde, Wasser, Luft und Feuer, und besitzt Körper oder Antennen, über die er zu den Welten dieser Elemente Verbindung aufnehmen kann. Das Feuerreich ist direkt mit der Sonnenkraft verbunden und auch mit dem Herzen und dem Geist des Menschen...des Sohnes, der Tochter Gottes, des Ich bin, dem Sonnenlicht, der Liebe in der Menschenseele. Diese Kraft ist dieselbe Kraft, die auch Universen erschaffen kann. Im Menschen vermag sie ein Leben der Finsternis in Licht zu verwandeln. Es wird eure Arbeit fördern, wenn ihr an die Engel der vier Elemente Erde, Luft, Feuer und Wasser denkt. Sie werden euch sofort zur Hilfe eilen, wenn ihr sie anruft, falls ihr euch durch die Läuterung eurer Gedanken und eures physischen Körpers auf sie eingestellt habt. Denkt an die Engel des Wasser-Elements und stellt euch die kleinen Wassergeister vor; seht sie im Regen und in dem Wasser, das über die Flußsteine hüpft; beobachtet sie in den Meereswogen; beobachtet die Bewegung und das Leben des Wassers; bedenkt, daß das Wasser reinigt und Leben gibt. Sinnt über den Reinigungprozeß des Wassers nach, seine lebenspendende Kraft und die Engelkräfte, die sich dieser Macht bedienen, um zu reinigen und zu läutern.

Heißt die Engel der Luft willkommen. Wenn ihr draußen auf dem Lande wandert, atmet die Luft ein und denkt an die Engel des Luft-Elements und die Luftgeister. Ihr seid von ihnen umgeben; sie sind das Leben der Luft selbst und sie werden euch helfen und euch beleben. Atmet tief ein und denkt dabei an jene Engel und Geister der Luft, die euch läutern und heilen, um euch Leben und Erfrischung zu bringen.

Denkt an die Engel des Feuers, die Engel der Sonne. Wenn ihr eure innere Sicht oder hellseherische Kraft entwickelt habt, werdet ihr diese Feuerengel im tanzenden Sonnenlicht erblikken - freundlich, warm und heilend. Doch denkt stets daran, daß die Feuerengel Liebe in eurem Herzen erwarten. Die Liebe ist das Lebenselement der Engel des Feuer-Elements.

Und schließlich denkt an die Engel der Erde und die kleinen Wesenheiten der Blumen, der Erde, die Diener der großen Mutter Erde. Wenn ihr in eurer Meditation eure Augen schließt und euch eurer Vorstellungskraft bedient, könnt ihr diese lieblichen Naturgeister wahrnehmen, die unter Anleitung der erhabenen Engel und der Macht der Mutter Erde ihre Arbeit verrichten. Alle diejenigen, die die Mutter Erde lieben – Gartenbauexperten, Landwirte, Tierliebhaber und jene, die den Erdboden lieben – sie alle ziehen viele Naturgeister der Erde und der Luft an.

Wenn ihr arbeitet, um Schmerzen zu lindern und Grausamkeit abzuschaffen; wenn ihr unter Männern und Frauen wirkt, um sie mit dem herrlichen Licht des Christus-Geistes zu durchdringen; selbst wenn ihr ein leuchtendes Blumenbeet oder einen Rasen anlegt und pflegt; wenn ihr euch zusammenfindet, um die Wasser der Erde zu reinigen, nehmt ihr Verbindung zu den Engeln der Elemente auf. Euer Leben ist umgeben von all diesen wunderbaren Wesenheiten. Lauscht dem Gesang der Engel, ihrer Freude und ihrer Zufriedenheit. Nehmt den Duft der Engel der Mutter Erde wahr, den Duft der Luft, des Wassers, der Sonne und des Grases. Arbeitet daran, euch der Naturgeister bewußt zu werden und ihnen und den Engeln der vier Elemente freundlich gegenüberzutreten, denn mit ihnen zusammenzuarbeiten, verstärkt eure Kraft zu heilen.

Um sich der unsichtbaren Welt zu nähern, muß der Mensch reine Liebe in seinem Herzen tragen, zuerst für alle Mitmenschen und dann für die gesamte Schöpfung. Ihr müßt die Naturwesen lieben, denn sie spielen eine wesentliche Rolle bei der Arbeit des Meisters für die Menschheit. Mit der Zeit müssen sich Frieden, Freundschaft und Harmonie zwischen den Menschen und den Geistern der Elemente entwickeln. Die Wunder des Meister Jesu beweisen diese entscheidende Wahrheit. Wir denken besonders an jene Wunder, da Jesus über das Wasser ging und dem Sturm gebot. Sein Weg über das Wasser symbolisiert seine vollkommene Herrschaft über das Wasser-Element, die Emotionen – denn das Wasser-Element bewegt die Emotionen. Er sank nicht. Seine Brüder, die Wassergeister, unterstützten ihn, und er seinerseits war fähig, seinem Jünger zu helfen, als dieser vertrauend und glaubend an seinem Meister festhielt. Das Gleiche geschah, als er dem Sturm gebot. Die Luftgeister, die Sylphen, eilten zu seiner Unterstützung herbei und gehorchten seinem Befehl.

Um die Elemente von Erde, Luft, Feuer und Wasser zu beherrschen, müßt ihr wie der Sohn Gottes werden, reine Liebe, reine Sanftmut und daher erfüllt von der Sonnenkraft. Ihr müßt den Respekt und die Liebe der Elementarwesen gewinnen. Dann verbindet ihr euch in eurem höheren Geist mit den Schöpfungskräften, denn wenn ihr den Dienst des Bruders Luft, des Bruders Wasser, des Bruders Sonne und der Mutter Erde zu schätzen wißt, wenn ihr spürt, daß ihr Teil des kosmischen Lebens seid, dann stimmt ihr euch auf das göttliche Leben ein. Ihr gleicht einem fein gestimmten Instrument. Die Rein-

heit eurer Gedanken, eure Redens und eures Handelns und euer Bemühen, einfach gut und freundlich zu sein, Gott für euer Leben mit allen seinen Segnungen und seiner Schönheit zu danken – der Schönheit von Sonnenaufgang und Sonnenuntergang, der Wolken und der Himmel – sind die Grundlage, um eins mit den Engeln zu werden. Auch wenn ihr euch über den sanften Regen freut und euer Gesicht den Regentropfen entgegenhaltet, ohne zu murren, daß ihr naß werdet, und Gott dankt, denn das ist das Leben, und die Engel sind in allen Elementen, dann versteht ihr; und ihr arbeitet Hand in Hand mit den Engeln.

KAPITEL 21
HEILUNG
- EIN AUSGLEICHEN DER ELEMENTE -

Zur Einführung in das Thema der Heilung und in die Heilungsarbeit der Engel, die über die Chakras wirken, spricht White Eagle erneut von unserer Beziehung zu den Planeten. Er verbindet den Heilungsprozeß mit dem Aufbau und der Schaffung der Form, was uns manchmal zu der Thematik des ersten Kapitels zurückführt.

Der Mensch wird beständig von den Planeten beeinflußt. Diese planetarische Einwirkung auf sein Leben erfolgt über die Chakras, die Fenster der Seele. Jedes Chakra ist mit einem Planeten und seiner Farbe verbunden, regiert von dem Elohim, dem Haupt des jeweiligen Strahls.

Bei der Heilungsarbeit wird eine Gruppe geführt, gedanklich bestimmte Farbstrahlen zu benutzen. Über die Chakras bringen die Strahlen Harmonie in den Menschen, indem sie das wiederherstellen, was fehlt. Alle Menschen bedürfen in irgendeiner Weise der Heilung, denn niemand ist bisher vollkommen. Die Krankheit zeigt sich natürlich im Körper, aber es sind die allgemeinen Schwingungen, die Harmonie des Individuums, die gestört sind. Ein verstimmtes Orchester ist eine Qual. Um harmonische Melodien erklingen zu lassen, muß ein Orchester ganz genau abgestimmt sein und der Dirigent mit ihm im Einklang stehen.

Musik wirkt heilend, da jeder Strahl, jede Farbe des Spektrums, jeder Planet einen ganz bestimmten Ton erklingen läßt, eine eigene Schwingungsnote, die von den Engeln zur Heilung und zum Erbauen benutzt wird.

Die Engelwesen sind während der Heilungszeremonie nicht nur darauf bedacht, eine bestimmte Krankheit zu heilen. Das mag unfreundlich klingen, doch versteht, sie bringen ihren jüngeren Geschwistern vollkommene Liebe und tiefstes Mitgefühl entgegen. Hinter jedem Heilungsdienst liegt stets der Plan des Erschaffens. Wenn der Körper geheilt wird, wenn die Engel helfen, den physischen Körper zu reinigen und zu vervollkommnen, dann bewirken sie weit mehr. Sie bauen, sie weben in die feinstofflichen Träger und die physischen Formen Licht- und Geisteskräfte hinein, die dazu bestimmt sind, die menschliche Form langsam aber stetig für die nächste Menschenstufe vorzubereiten.

White Eagle richtete die folgenden Worte an ausgebildete Heiler:

Wir möchten euch helfen zu verstehen, daß ihr Durchlaßgefäße für die kosmische Kraft, diese Engelkraft, die Christuskraft seid. Beim Heilen arbeitet ihr nicht alleine. Denkt an die Heilungsengel, wenn ihr in eurer Heilergruppe oder mit einem Patienten seid – sie sind Wirklichkeit und stehen euch so nahe. Durch eure Liebe und euren Wunsch zu dienen, gebt ihr diesen Boten alles, was euch möglich ist. Ihr mögt den Patienten nicht sehen, aber durch eure menschliche Tätigkeit verknüpfen die Engelscharen die Strahlen, und der Patient kann diese vollkommene und echte Heilungskraft empfangen.

Es gibt Engel für alle ausgesendeten Farben: Engel des violetten Strahls, Engel des blauen Strahls und Engel der Sonne, des goldenen Strahls; Engel des grünen Strahls – das Grün der Mutter Erde; Engel des Sonnenlichts, Engel der Freude, Weisheit, Liebe und Macht. Je nach der von dem Leiter angesprochenen Farbe versammeln sich die Engel dieses bestimmten Farbstrahls im Kreis, die Kräfte in sich tragend, und stel-

len sich auf eure Gedanken ein. Dorthin, wohin der Strahl gelenkt wird, tragen die Engel die Schwingung zu dem heilungsbedürftigen Bereich des Patienten.

Ihr arbeitet oft blind, deshalb bedarf es tiefer Liebe und großen Vertrauens – ein inneres Wissen, daß ihr mit diesen Engelkräften arbeitet. Und obwohl diese Engel sehr unpersönlich erscheinen mögen, verfügen sie über eine ungeheure Stärke hinsichtlich der speziellen Eigenschaft oder des Strahls, auf dem sie wirken, auf dem sie dienen; dem Strahl, der zur kosmischen Gesamtkraft beiträgt.

Um euch dieser Engelkräfte immer bewußter und reine, lautere Gefäße zu werden, solltet ihr euch täglich mit Gott verbinden, wenn auch nur für kurze Zeit. Dankt eurem Schöpfer und verweilt in dem Bewußtsein jenseits eures aktiven Menschenverstandes in dem Wissen, daß die Engel bei euch sind.

Diese einfache Verbindung kann euch durch alle Ebenen, Wasser, Luft und Feuer, direkt in das himmlische Licht, in die Welt der vollkommenen Söhne und Töchter Gottes führen. Das ist der Weg, den uns das Wassermann-Zeitalter öffnet: Schönheit, Harmonie und Brüderlichkeit, von der Erde bis zum Himmel. Dann wird die Jakobsleiter auf der Erde emporgerichtet werden, und jeder Sucher, der seinen Körper erhebt und seinen Blick öffnet, wird die Engel kommen und zwischen Erde und Himmel wandeln sehen.

KAPITEL 22
RITUAL, ZEREMONIE UND GEWEIHTE ORTE

Wir haben bereits die Bedeutung des Rituals und die mit dem siebten Strahl, dem Strahl der Zeremonie, verbundenen Engel erwähnt. In den folgenden Passagen beschreibt White Eagle diese Engel – und die geweihten Orte, an denen wichtige Zeremonien stattfinden – in einer Weise, durch die er die Erhabenheit solcher Ereignisse zum Leben erweckt. Aber er zeigt uns auch, wie dieselbe Heiligkeit durch die schlichte Liebe und Hingabe auf Erden angeregt wird.

Ihr alle müßt lernen, die Bedeutung von Zeremonien und Ritualen zu verstehen. Wir meinen damit nicht, einer Zeremonie bloß beizuwohnen, sondern die hinter ihr liegende, unsichtbare Aktivität zu erfassen, durch die eure höheren Körper angeregt werden, damit ihr die Wunder eures wahren Seins erkennt.

Diese Gedenkfeiern waren Teil des Rituals und des Dienstes der Religionen in alter Zeit. Dieselben Formen und Zeremonien werden in einer machtvolleren und geläuterten Weise und auf noch höherer Schwingungsebene zurückkehren, da sich die Erde auf der Evolutionsleiter empor bewegt und daher noch stärker den Segen und die Hilfe der Engel und der Sternenbruderschaft empfangen wird.

Wenn ihr einen Gottesdienst in der White Eagle Gemeinschaft besucht, sollt ihr als erstes die Tore der Seele für die Außenwelt schließen. Im Laufe des Rituals erhebt sich euer Bewußtsein von der physischen Ebene zu einem erleuchteten geistigen Seinszustand. Das liegt nicht nur an den Worten, die wir zu euch sprechen, sondern auch die Vorbereitungen, die oft schon vor dem Gottesdienst begonnen haben, tragen dazu bei. Selbst die Blumen spielen in dieser Vorbereitung eine Rolle. Die feierliche Musik und der Gesang helfen, die Engelkräfte herabzurufen, um einen geistigen Tempel um euch aufzubauen. Wäret ihr hellsichtig, könntet ihr die Versammlung der Engelgestalten wahrnehmen. Ihr würdet drei in Weiß gekleidete und doch alle sanften Farben des Spektrums ausstrahlende Wesenheiten sehen und erkennen, daß sie als Kanäle wirken, goldene und silberne Lichtstrahlen auf die Kongregation lenkend, sie weit über die weltliche Ebene von Gedanken und Gefühlen emporhebend.

Ein schlicht und verständnisvoll durchgeführtes Ritual trägt nicht nur dazu bei, das Bewußtsein der Anwesenden zu erheben, sondern fördert auch die Harmonie, ein Kanal, durch den die Engel geistiges Licht auf die Erdenmenschen senden können. Eure Gedanken mögen von materiellen Dingen oder von Leid erfüllt sein, wenn ihr zu einem Gottesdienst geht. Das Ritual und die Engel der Zeremonie ermöglichen es euch, das Weltliche loszulassen. Mit oder ohne euer bewußtes Bemühen werdet ihr erhoben, und selbst wenn ihr die Engel nicht seht, könnt ihr ihre Gegenwart spüren und den Gottesdienst erfüllt und glücklich verlassen.

Rituale finden nicht nur in einer Kirche statt oder in einer Gruppe, sondern auch im einzelnen Menschen. Ebenso wie der Gottesdienst einen Kanal für das Einströmen des himmlischen Lichts schafft, so kann das Ritual des individuellen Lebens auch eine Vorbereitung für die Aufnahme des großen weißen Lichts und seine Weiterleitung in die Welt sein. Ihr könnt das Ritual eures Lebens so vollkommen, so harmonisch gestalten, daß ihr zu einem Kanal für das Licht des Christusgeistes werdet und Engel in eure Aura zieht, die der Menschheit durch euch dienen. Sie werden auch euch dienen. Des-

halb ist es gut und weise, ruhig und still zu leben. Hast und Leidenschaft sind zerstörerisch und brechen die zarten Schwingungen des Seelentempels nieder, die ihr bemüht seid, durch das stille Ritual eures Lebens aufzubauen. Lebt ruhig, und ihr werdet eine schöpferische Geisteskraft in Bewegung setzen.

Wenn ihr in euch einen solchen Kanal geschaffen habt, könnt ihr nicht leben, ohne der Menschheit vermehrt zu dienen. Euer Name mag nicht von den Hügeln verkündet werden; ihr mögt euren Körper verlassen, unbekannt und unbesungen. Das spielt keine Rolle; wichtig ist nur, was ihr der Menschheit gebt, was ihr im Universum Gottes erschafft. Wenn alle Männer und Frauen diese Wahrheit verstehen und danach handeln würden, wie wunderbar wäre dann eure Welt. Ihr fragt: „Wird es jemals Vollkommenheit geben?" Gewiß, denn es liegt im göttlichen Plan, daß ihr lernen sollt, ein Kanal für den erhabenen Geist zu sein, Harmonie zu schaffen, Schönheit und Vollkommenheit. Ihr seid Teil dieses universalen Geistes, und es ist eure Aufgabe, dieses Licht auf Erden zu offenbaren.

White Eagle fügte hinzu, wie dankbar wir den großen Seelen aller Zeiten für den Dienst sein sollten, den sie der Menschheit geleistet haben. Durch ihren weisen und liebevollen Gebrauch des Rituals in ihrem täglichen Leben und in ihren Zeremonien haben sie einen mächtigen Lichtstrom hervorgebracht, der die Erde überflutet. Wäre es nicht für solche heiligen Leben, befände sich die Erde nicht nur in einem Zustand der Finsternis, sondern sie wäre zerstört. White Eagle macht uns darauf aufmerksam, daß wir beim Besuch von uralten heiligen Orten, auch wenn es dort auf äußerer Ebene seit langem keine Zeremonien mehr geben mag, immer noch, wenn wir geduldig und offen sind, deren Auswirkungen spüren können, die sie im Äther hinterlassen haben. Es wird uns bewußt, daß sie immer noch auf geistiger Ebene ausgeführt werden.*

Wenn eine Gruppe von aufrichtigen und frommen Brüdern und Schwestern zusammenkommt, um in den Kraftzentren eurer mystischen Insel Britannien die Geheimlehren zu praktizieren, wird ein strahlend goldenes Licht über sie und durch sie in die Erde ausgegossen. Die Erdwesen, die Natur- und Luftgeister und die Engel selbst wachen noch Jahrhunderte später über diesen heiligen Ort, so daß selbst die unempfänglichsten Menschen dort hingezogen werden. Sie wissen gar nicht warum. Sie glauben, es sei aus historischem Interesse oder weil das Zentrum eine Naturschönheit ist. Wir aber sagen euch, es ist eine Sehnsucht im Inneren des Individuums, ein geistiger Magnetpunkt, der sich zu solchen Stätten hingezogen fühlt. Man nennt Britannien die mystische Insel, weil es unzählige solcher Zentren rein geistiger Kraft dort gibt. Es gibt überall auf der Welt Tempel, Kraftzentren und uralte Steine: in Britannien, in Europa, Indien, Ägypten, im alten Amerika, den Anden und in der Wüste Gobi. Wenn ein hellsehender Mensch einen solchen Sonnentempel besucht, öffnen sich seine Augen für die erhabenen Engel, die näher treten, und er erschaut Szenen ehemaliger Zeremonien. Überall, wo eine große Zeremonie stattgefunden hat, sei es in einer Kirche oder auf einem Hügel, prägt sie unauslöschlich den umgebenden Äther. Die einstmals durchgeführte Zeremonie kann in der Ätherwelt erneut stattfinden. Alles erwacht wieder zum Leben.

Im Falle von Stonehenge fallen euch die Schuppen von den Augen, und ihr könnt eine großartige und wunderbare himm-

---

* Das Buch THE LIGHT IN BRITAIN enthält viele derartige Beschreibungen, die von Grace Cooke empfangen wurden, als sie eine Reihe von heiligen Stätten auf den britischen Inseln besuchte.

lische Szene dort stattfinden sehen, wenn eure Seele auf den ätherischen Einfluß der Steine eingestimmt ist und ihr euch auf die Zeitlosigkeit des Lebens einschwingt. Ist es auf Erden oder im Himmel? Ihr nehmt daran teil, und als erstes seht ihr Engelscharen dort, die das heilige Licht beschützen. Wir sprechen von dem Licht, das im Stein vergraben liegt, vergraben in der Erde....dem heiligen Licht auf dem Altar. Was glaubt ihr, warum der Altar in Stonehenge Rosenstein genannt wird? Die uralte Bruderschaft ist immer noch dort und inszeniert Jahr für Jahr eine gewaltige kosmische Zeremonie. Es sind Menschen- und Engelbrüder anwesend – Engel, Erzengel und planetarische Engel. Herrliche Wesenheiten von anderen Planeten sind ebenfalls zugegen, die auf eure Erde kommen, weil sie die Menschheit lieben. Sie kommen, um Licht zu bringen, um das Licht in den Steinen auf eurer Erde anzuregen. Ihr seid wie diese Steine. Jene erhabenen Wesen kommen, um euch zu helfen. Sie bringen unbeschreibliche geistige Kraft und Liebe.

Wenn ihr die Geburt des Christuslichtes und den vorüberziehenden Kreis der Engel mit euren inneren Augen zu schauen vermögt, werdet ihr die herrlichste Bewegung wahrnehmen. Ihr werdet die himmlische Musik und den ertönenden Lob- und Preisgesang vernehmen. Ihr werdet die Schöpferkraft, das Wort, hören, das gesprochen wird, wenn die ersten Sonnenstrahlen auf den Rosenstein treffen.

KAPITEL 23
DER ERZENGEL MICHAEL

Kein Buch über Engel wäre vollständig ohne die Erwähnung des Erzengels Michael, manchmal der Hl. Michael genannt, der das Schwert der Wahrheit führt und das Oberhaupt der gesamten Engelscharen ist. Wir feiern das Fest des Hl. Michael und aller Engel jedes Jahr am 29. September, wenn der erhabene Erzengel besonders nahe an die Erdebene herantritt. White Eagle beschreibt ihn folgendermaßen:

Der Erzengel Michael ist der Bote aus dem Zentrum des Lebens, einer von den sieben vor dem Throne Gottes. Ein großer Sonnengeist mit blitzendem Schwert, auf einem Schimmel reitend, verkündet er den heraufdämmernden Tag des geistigen Lichts, das über die ganze Erde ausströmen wird. Der Erzengel Michael ist ein herrliches Lichtwesen, und es ist seine Aufgabe, mit allen Engeln zu arbeiten, als höchster Führer und Leiter des Engellebens in den unsichtbaren Welten.

Der Menschenverstand mag die Existenz irgendeiner Lebensform auf der Sonne bezweifeln, doch sie ist voller Leben. Die Gestalt dieser Sonnengeister gleicht nicht der Menschengestalt. Sie ähnelt vielmehr einem Lichtkreis. Sie ist wie die Sonne selbst. Wenn ihr an den Menschenkörper denken könnt, den Kopf emporgehoben und zurückgebogen mit ausgestreckten Füßen, so daß er fast einen Kreis bildet; wenn ihr euch Gestalten vorstellen könnt, die allmählich in einem Lichtkreis aufgehen, im Schulterbereich Lichtstrahlen aussendend, dann habt ihr vielleicht eine Idee, wie diese Engelwesen aussehen. Wir haben von Flügeln gesprochen; nun, es scheinen Flügel zu sein; das ist die beste Beschreibung, die wir euch von diesen Lichtausstrahlungen geben können, die es den Engeln ermöglichen, sich Lichtblitzen gleich durch den Äther zu bewegen.

Es gibt viele Sonnengeister, aber der Sonnenbote, der die Erde besucht, ist in der Christenheit als Erzengel Michael bekannt. Er ist das Haupt aller Lebensformen auf der Sonne. Er begleitet den Geist Christi, denn Christus ist der große Sonnengeist, der Geist der Sonne, geboren aus dem Vater-Mutter-Gott. Und wenn die Geburt Christi auf Erden gefeiert wird, treten auch der Erzengel Michael und seine Engel näher und atmen die Kunde, daß der Sohn, der Prinz des Friedens, wiedergeboren wurde. Das Licht Gottes tauft die Erde erneut.

Ein frischer Einstrom von Licht, göttlicher Liebe und Weisheit bringt die Nähe des Erzengels Michael mit sich und kann von empfänglichen und hellsichtigen Menschen wahrgenommen werden. Wenn die Erdenmenschen sich mit der Zeit als aufnahmefähiger für seine Weisheit und Liebe erweisen, werden sie eines Tages schauen dürfen, wie das Leben auf Erden sein könnte und tatsächlich einmal sein wird, wenn die Herzen aller Menschen mit dem Herzen des Universums vereinigt sind.

Michael führt das Schwert der geistigen Wahrheit, das Christus in die Hand jedes einzelnen seiner Nachfolger legt – die Wahrheit des Geistes oder des Sohnes, des jedem Menschen innewohnenden Gottes. Diese Waffe wird euch durch jede Krise eures menschlichen Daseins führen und euch stärken, jedes Hindernis zu überwinden. Meine Kinder, fürchtet euch nicht. Stimmt euch auf diese unsichtbare Gemeinschaft der Engel ein, und ihre Kraft wird sich in eurem Leben manifestieren.

Ein strahlender Lichtschweif...und in dem Licht Gestalten...Engel...und der Erzengel Michael vor uns allen...Mit seinem Schwert macht er das Zeichen...das Kreuz innerhalb des Kreises; und während sein Schwert das Zeichen macht, hinterläßt er eine Lichtbahn...

Wir hinterlassen euch den Geist der Stille, des inneren Friedens und der tiefen Dankbarkeit, daß Gott ist; und daß ihr sicher seid in der göttlichen Liebe, denn hat Er euch nicht in die Obhut Seiner Engel gegeben, damit sie euch auf allen euren Wegen bewachen?

Geht euren Weg in Frieden und bedenkt, daß die Engel des Lichts euch umgeben, die Engel der Natur, die Engel der Christus- Sphäre.

DIE WHITE EAGLE-GESAMTAUSGABE

Das große White Eagle Astrologie-Buch	3-922936-68-7
Das große White Eagle-Heilungsbuch	3-922936-41-5
Das Jesus-Buch	3-89427-007-1
Das White Eagle-Orakel	3-89427-036-5
Das Leben jenseits der Todespforte	3-922936-27-X
Der geistige Pfad	3-922936-04-0
Der Pfad der Einweihung	3-922936-22-9
Der Pfad ins Licht	3-89427-067-5
Der Weg zum höheren Selbst	3-922936-87-3
Die Chakras - Tore kosmischer Heilenergie	3-89427-030-6
Die goldene Ernte der Liebe	3-922936-38-5
Die Heilungspraxis	3-922936-54-7
Die Meisterseele	3-89427-057-8
Die Perle im Lotos	3-89427-017-9
Die Stille des Herzens	3-922936-29-6
Die verborgene Weisheit des Johannesevangeliums	3-922936-44-X
Die vier großen Einweihungen	3-922936-56-3
Gebete im neuen Zeitalter	3-922936-14-8
Geistige Jahreszeiten	3-922936-79-2
In der Stille liegt die Kraft	3-922936-09-1
In der Stille liegt die Kraft II	3-89427-101-9
Lichtwege	3-922936-98-9
Meditation	3-922936-06-7
Mit White Eagle durch das Jahr	3-922936-71-7
Naturgeister und Engel	3-922936-05-9
Unser geistiger Bruder spricht	3-922936-31-8
Vom Wirken der Weißen Bruderschaft	3-89427-082-9
White Eagle/Joan Hodgson - Warum?	3-922936-20-2
Weisheit von White Eagle	3-922936-19-9
Walter Ohr - Wer ist White Eagle?	3-922936-15-6
Wunder des Lichtes	3-922936-13-X